全国中小学有效教学模式指导丛书

丛书主编 赵亚夫

PINDE YU SHEHUI
YOUXIAO JIAOXUE MOSHI

品德与社会
有效教学模式

赵亚夫 胡 玲 主 编

北京师范大学出版集团
BEIJING NORMAL UNIVERSITY PUBLISHING GROUP
北京师范大学出版社

图书在版编目(CIP)数据

品德与社会有效教学模式/赵亚夫，胡玲主编．—北京：北京师范大学出版社，2014.7(2014.8重印)
(全国中小学有效教学模式指导丛书)
ISBN 978-7-303-14574-4

Ⅰ.①品… Ⅱ.①赵… ②胡… Ⅲ.①思想品德课—课堂教学—教学研究—小学 ②劳动课—课堂教学—教学研究—小学 ③社会科学课—课堂教学—教学研究—小学 Ⅳ.①G623.102

中国版本图书馆CIP数据核字(2014)第056382号

营销中心电话 010-58802181 58805532
北师大出版社高等教育分社网 http://gaojiao.bnup.com
电子信箱 gaojiao@bnupg.com

出版发行：北京师范大学出版社 www.bnup.com
北京新街口外大街19号
邮政编码：100875
印刷：三河兴达印务有限公司
经销：全国新华书店
开本：170 mm×230 mm
印张：9.75
字数：175千字
版次：2014年7月第1版
印次：2014年8月第2次印刷
定价：18.00元

策划编辑：李志　　责任编辑：杜永生
美术编辑：焦丽　　装帧设计：小吴设计
责任校对：李菡　　责任印制：陈涛

品德与社会有效教学模式

编　委　会

主　编　赵亚夫　胡　玲

编　委（按姓氏笔画排序）

王永伟　王　颖　白永祥　任　云
安子琴　李　峥　肖　月　张　菘
张　鹏　陈夕龙　陈金香　赵亚夫
赵璐玫　胡忠海　胡　玲　曹增坤

总 序

在很久以前，有一所为了应付新世界的变化，以造就英雄为教育目的的动物学校。教学目标便是克服所有动物与生俱来的缺点。为此，学校设置了跑、跳、爬、飞、游泳等课程，期望把每一种动物都培养成全能型动物。学校的办学理念是：大家都是英雄！谁也没有弱点！因此，每个进学校的动物都必须修完全部课程。

鸭子是游泳能手，飞行水平也就刚刚及格，跑的能力极差。于是，它必须拼命地加课以强化跑的技能，直到它把脚都跑烂了，跑的成绩仍长进不大。不过，学校认为，这个成绩还可以接受。但是，鸭子愈加担心，因为它可能再也没有什么可以骄傲的强项。

兔子是另一个类型。它跑得极快，可不会游泳。老师要它拼命地练习游泳，由于过度训练，最终导致它精神崩溃。

松鼠爬得飞快，却没有飞行的本领。老师不让它爬到树上，而是飞上树。在飞行课上，它一再受挫，使自己最后的一点自信也丧失了。同样的老师，还超负荷地训练了马，让马专注于爬行。结果，马在爬行课上勉强得了个C的成绩。然而，由于过度训练爬行，马最擅长的跑，成绩却是个D。

鹰是个问题学生。在爬行课上，它最终打败了所有对手立于大树的顶端。但是，取得这样的成绩，并不是老师教的——尽管老师总是对它严加管教，它却始终坚持自己的方法，才保持了骄人的成绩。

草原鼠没有上这所学校，因为学校没有打洞的课程。结果是，它们依然能够把自己的后代个个训练成专门打洞的能手。再后来，还创办了自己的私立学校。①

显而易见，动物学校是失败的。究其主要原因：一是它的教育目的和理念是空想的，以致教学无效；二是它的教学目标是学生不可能做到的，即便有低

---

① Fred Stopsky，Sharon Shockley Lee，Roy Tamashiro. *Social Studies in a Global Society*. Delmar Publishers Inc.，1994. 3

效的例子，也是耗费了太多的教育成本，本质上依然是无效教学。

要彻底告别动物学校，深挖学科教学内涵，提高教学质量，需要推进和实现有效教学。从操作的角度简单表述有效教学，可以用“简洁、多样、生成、意义”八字概括。“简洁”是指教学目标简单明了，该引导学生做什么、做到什么程度一目了然；教学设计结构明朗、层次清晰，怎样引导学生去做、做了或可发生的结果一目了然。“多样”是指营造开放的学习环境，引导学生多角度、多方面地进行探究活动。“生成”是指多样化的学习活动，理应促成学生的独立思考和自我建构，既然有效的教学活动的出发点和立脚点都在学生身上，教学活动本身就是引发学生提出问题和解决问题的过程。“意义”是指教学生成的结果是有意义的，即学生的进步或发展能够显见于他们的表现，既包括时下的外在行动，也包括潜在的内化过程。

我们强调把握有效教学的核心标准和操作规程，希望一线教师在实践中自我创新。为此，在编写体例方面，采用更适宜培训和自修的学习板块，帮助教师们对有效教学有更为整体的认识，以便自觉地去超越固有的教学观念，把教学中蕴含的行动智慧与力量还给学生。在编写方法方面，由问题切入、案例指引、策略运用、教学建议构成具体内容，以便教师们更容易从操作的层面理解有效教学。我们期望这套丛书，能够让教师们一看就懂、一用就灵。

我们对丛书编写强调“一个意图”和“三个视点”。

“一个意图”是为教师们“减负”提供一条途径。当然，“减负”不是不要学习，而是减去不必要的学习负担，包括各种有形的和无形的压力和无效工作，其目的是提高教学质量。为此，这套丛书力图做到：(1)精选问题和案例，尽可能减少教师们在探索有效教学过程中的困难，强化有效教学的核心观念；(2)纠正过度备课、过度使用资源和活动的现象，尽可能帮助教师们找到简便易行、效率高、效益好的办法进行教学；(3)理论结合实践，尽可能通过小文本读物呈现丰富且实用的内容，使之成为有学习价值的“备案图书”。

“三个视点”是“速成”“速立”“速用”。“速成”，即让教师们能够很快掌握有效教学原理；“速立”，即让教师们能够运用有效教学原理，进行有效的教学设计，做一个有效教师；“速用”，即让教师们能够运用各种有效的学习指导技能，完成学生的有效学习。

赵亚夫

2014 年 2 月 18 日

目录

CONTENTS

第一章
追求有效的品德教育

△ 有效教学源于实践
△ 教师需要创造性的工作
△ 教学目标不能空泛
△ 为有效教学而设计
△ 有选择才有思考

引言：关于品德与社会教学的困惑

“思品课的教学有别于以传授知识和技能为主的其他学科，如语文中的识字教学，数学中的加减乘除，自然中的认识物体等。这些，只要学生掌握了基本概念和技能，学会应用就可以了。但思品课的教学，仅仅掌握概念不行，还必须把理论融化为自己的信念，然后付诸行动，使之养成良好的道德行为习惯。那么，如何通过思品课的教学，使学生形成良好的道德行为习惯呢？”

“我是一名边远山区的教师，在学校担任的学科多、课时多、任务重。思品课的教学算是副科吧，平时也没那么多时间细细钻研，对于课文中出现的一些情景对话框，只能从表面上去理解，而且，教科书图多文少，有些内容真不知道怎么讲，也不知道怎样去引导学生？”

“现在我们所教的品德与社会有很多都是需要学生去调查了解，收集资料的，对于我们农村的学生来说有一定的难度，因为农村的条件和城里有一定的差别，很多学生都找不到资料，或根本不找。农村的家长也没有空闲来管孩子。现在我也很困惑该怎样上好课。”

“我在教育工作岗位上已默默耕耘了 16 年，主要从事语文教学，对于品德与社会的教学很茫然。在平常的教学工作中，我总是不知不觉地把品德与社会上成了语文课。我真的不知道，品社课和语文课有什么区别。”

“德行是对一个人的基本要求，在小学品德与社会教学中如何针对学生的差异进行有针对性的教学？我的困惑很多。比如，怎样写作业？写些什么？课前布置作业要求学生回去进行调查研究、查资料，可是大多数的学生都未能完成，该怎么办？”

“我们教育学生要做一个有良好品德的人，课堂上引导他们向好的方面发展，可是我觉得学校的思想道德教育还没有社会上的一些现象对学生影响大，常常出现这样的现象：学生从家庭、社会带来一些坏习惯，学校教育总显得马后炮，甚至有的学生还会问我：‘老师，现实生活中是这样的吗？并不是书上说的那样！’我该如何解决这个问题？”

这样的问题，太多了！

只要做培训，就会收到各种各样的问题。有教学活动，就存在这样或那样的问题；越是追求有效教学，问题也就越多。一是教师对教学的理解不同，教学条件不一，学生需求和个性各异；二是客观的教学环境和教师主观的教学要求差异较大，对教学的要求越高，越是以科学化的标准衡量，问题也就显得愈加多样和突出。这是很正常的事。道理就在于这是为了达成更高标准要求的问题。提出问题，解决问题的过程，也是实现有效教学的过程。像品德与社会这门新型的综合课程，不面临更多的挑战，就不会成熟起来。

品德与社会所倡导的有效教学，为教师提供了许多趣味的、富有创造性的教学机会。学生遇到一位能够将品德与社会教学活动充分活化的教师，是非常幸运的，因为他们从教师那里学到的知识和技能，将非常有效地融入他们的社会生活。为学生生活而教与为考试而教最大的不同就是：一个是有教育的教学，一个是没有教育的教学。①

本书专门为教师的有效教学而写，内容尽可能围绕着教师的教学问题展开。它不一定能够针对每位教师的具体困惑而提出解决问题的办法，但力求所涉及的问题都是一线教师期望得到的重点内容。

关于有效教学是什么的问题，依据不同的理论或学说会有不同的解释和判断，本书则尽可能把握有共识的课题，并给出一些建议。比如，有效教学是一项有目的、有计划的活动，须实现一定的学习目标，而且以儿童为中心综合地组织和考虑各种学习环境、学习资源和影响因素；有效教学具有结构性、互动性、开放性和生成性的特征；教学活动的成效是有效教学的重要支点，学生从中获得真实的知识和技能、态度与价值观。当然，任何教学的学问都应源于实践。品德与社会的问世不过十余年，为它裁定有效的标准，也需要在实践中摸索与探究。所以，本书始终基于“追求”这个概念，来谈品德与社会的有效教学。

一、品德与社会的有效教学

品德与社会教师不好当，是一个很现实的问题。如果用一句话概括，就是“没人真的重视品德教育”。有人会反驳说：政府是非常重视的。它强调“德育为先”，

---

① 目前，有太多为应试教育的狡辩，有的着眼“公平”，有的着眼“权利”，从社会学角度进行辩解的有，从政治学、教育学角度进行辩解的也有。有教育专业人士，更多的是门外汉。所谓应试教育，根子上就不是教育，而是一种极端功利性的教学形式。它不是无效，只是对考试有效而已。仅此这一点，还要看考什么和怎样考试，如果考试内容和形式全变，原来的一套也就不灵了。

能不重视“品德课”吗！可事实上，学校连周2、2、3、3[①]的课时数都保证不了，少数地方是每周1课时，多数的地方只能够满足每周2课时，“让课”也是基层教师常遇到的事。课时不足，难以达成《品德与社会课程标准》(以下称《课程标准》)的要求，这是不争的事实。有人会强调说：各地教研部门都很重视，培训方案一个接一个，培训要求还在不断提高。的确如此，可是品德与社会的教师岗位流动甚大，接受培训的人员构成五花八门，所谓“年年培训，年年新(面孔)”、“层层培训，次次重复(内容)”，难以将教学指导工作落到实处，是不争的事实。同样，教师自己不可谓不重视。可是就大多数的兼职教师而言，真的很难做到为品德与社会课下一番工夫，因为要上好这门课程太劳心、费力。于是，应付成为普遍现象。教师普遍缺乏上好这门课的知识和技能，也是不争的事实。

这些并不是问题的全部。人们可以从政策文本乃至观念的层面，找到更多的重视品德教育的依据，也不难从品德与社会的实际教学中，列举出各种令人鼓舞的重视品德教育的例证。现在的问题是，作为教师个体究竟能在多大程度上确保自己的学生从这门课中受益，并使自身较高程度地享受这门课程带来的职业快乐。也就是说，教师在期望教学环境和条件逐渐改善的同时，自己能够先做些什么，或以自己的力量先行达到《课程标准》的要求。

这是有效教学的一个现实背景。或许只有在追求有效教学的教师，才能够在实践中解决自己的困惑；或许只有实现有效教学的过程中，教师才能够有创造性地、有智慧地从事教学活动。因为品德与社会的有效教学关乎“为了每位学生的发展”的理念，而有效教学的钥匙就在教师手里。

我觉得品德老师就像精卫填海一样，一点点地向孩子们传授做人的道理和尊严。也许，我不是一名优秀的教师，但我应该成为一名称职的品德老师。看到孩子们一点一点地进步，一点一点地懂事起来，就算我被冷落，就算我教的学科不受重视，我还是想说：我骄傲，我是一名品德老师。

——陕西省榆林市榆阳区清泉中心小学　贺桂芳老师

作为一名教师，如果没有能力点燃火种，也绝不能去熄灭火种！面对眼前充满好奇和天真的孩子们，要珍惜，更要努力让每个孩子的心中充满阳光，让每个孩子在爱的抚慰下快乐成长。孩子的心灵是纯洁而美丽的，如水晶；孩子的心灵是脆弱而易碎，如玻璃。作为品德教师不但要欣赏他们水晶般的心灵，而且更要善于保护他们玻璃一样易碎的自尊。

——江西省南昌市湾里区太平狮峰学校　杨静老师

执教品德课已近两年，从一名语文老师突然转变为一名品德与社会课老师，起初是惊喜和轻松，以为品德与社会就是单纯地进行品德教育和社会知识教育。然而，真正拿起教科书，走进了课堂，才意识到这门课程并非想象的那样容易，先前

① 3、4年级，每周2课时；5、6年级，每周3课时。因此，在总的课时上，品德与社会课和过去的思想品德(周1课时)、社会课(周2课时)的课时总和相同。

思想中多年形成的对品德课的认识也早已经落伍了。我发现，要想把品德课上好比语文课要难，而要将品德课上得有实效性，让学生的品德认知真正得到内化，更是难上加难。

——山东省曲阜师范大学附属小学　王丽梅老师

显然，无论教师从哪个角度抒发感慨，他们期盼有效教学的情怀和志向都蕴含其中了。有了这样的教师，有效教学便会更依赖教师的个体自觉得以实现。在本质上，有效教学就是教师创造性工作的产物，再好的教学环境和条件都不能代替这一点。

(一)品德与社会教学并不孤行

1. 怎样看品德与社会教学面对的困难

学校对品德与社会的重视程度，无疑会对教师产生很大影响。一些学校从教师编制方面考虑，不愿意配备专职的品德与社会教师，这门课程长期由校长、主任、班主任和其他学科教师兼任，[①] 甚至安排“老、弱、病、孕、差”的教师代教，教学无序、无心、无力的状态可想而知。然而，因此就强调教师必须专职化并不现实。关键在于，小学是通识教育的基础，本不应该把学科分得那么零碎。相应地，小学教师应该具有进行通识教育的本领。也就是说，他们理应贯通小学教育中某个领域内的知识和技能，如人文学科领域。一个有趣的现象，语文教师上品德与社会并不比原来专职的思品课教师、社会课教师的效果差，很多地方首先出成绩并成为学科带头人的教师多有语文学科背景。为什么呢？因为他们普遍知识面较宽、业务素质较高、平时上课规范、善于调动学生、教学方法多样。所以，稳定教师队伍比强调专职重要，磨炼教学基本功比强调专职重要，全面提高教学素质比强调专职重要。更何况，不同学科背景的教师进到品德与社会队伍，有助于拓展品德教育视角，有助于教师之间相互促进专业发展。一句话，有效教学看重的是教师自身的专业化水平，而不是看谁是专任教师谁是兼职教师。怎样做到这一点呢？政府提供的各类培训计划是一个方面，各种学历研修是一个途径，依靠区域性的教研活动、特别是充分利用互联网进行个性化学习是一个更为重要的方面。

课程资源严重不足是教师们常抱怨的一个问题。的确，品德与社会的课程资源开发不足，特别是博物馆、科技观、民俗馆、纪念馆等社区资源各地差异甚大，受整体社会环境的影响，不仅校外的活动资源开发有限，就是用于课堂教学的挂图、参考资料、地图等文本资源也有不小的缺口。至于教学设施，城市学校普遍更新较快，而到了“村小”或许连基本的直观教具都不具备。课程资源匮乏，有限制教师的教学视野和运用多样的教学方法的缺陷。不过还有刺激教师积极开发学生资源的作用。有效教学在资源方面的要求是多多益善，但是在客观条件不能满足物化的课程

---

① 据某市2013年9月的一份品德课教师任课情况调查，语文教师兼课者最多，达80%以上。品德专任教师略高于干部和其他学科兼任教师的比率，在8%左右。

资源的情况下，非物化的课程资源依然能够达成有效教学。对于品德与社会而言，“基于儿童生活”首先是他们当下的生活，作为首要的课程资源，一是学生当下生活的实际环境和生活；二是受实际生活环境影响的经验；三是基于环境和经验需要提升的知识和技能。当然，教师的课程观决定了他的资源观。资源的丰富性并不能完全左右教学的有效性，关键要看开发社会资源、尤其是学生资源的深度。

应试教育的观念在我国根深蒂固，不可避免地影响到品德与社会的有效教学。最显著的恶果是“考什么就学什么”“怎么考就怎么教”，不考的学科要给考试科目让路。后遗症是师资水平严重失衡，不考试的科目，教师更容易产生职业倦怠感。这种倦怠主要表现为：忽略对儿童学习特点和实际生活的把握；教学方式一成不变或仅变换形式而没有实效；知识更新缓慢，缺乏专业追求。如今，应试教育还是主流，只是大的气候已在变化。“以学生发展为本”的观念逐渐深入人心，课程的顶层设计也为此打下基础。从理论上说，只要教师自己重视、认可和热爱这门课程，视学生的发展为教学的目的，并能够具体落实《课程标准》要求，品德与社会教学摆脱应试教育的负面影响就不是幻想。

2. 怎样做品德与社会有效教学的促进者

要做到这一点，最为核心的一条是提高自己的教学能力。无论教师过去的学科背景是什么，只要能做到尊重学生的学习权利，喜欢学生并愿意为他们付出时间和精力，就能够不断地提高自己的专业水平。也只有与这门课程相称的专业水平，才能够帮助学生增长知识和技能，进而形成良好品德和促进社会性发展。从这个意义上说，品德与社会的教师都大有作为。比如，班主任身份更利于学生和家长接受，便于关注学生的日常习惯。有些教学内容适合家长介入，可是一般的教师不容易请到家长，这时班主任的作用就很明显。

知识和技能是品德与社会教学的基础，教师的教学技能围绕着学生的知识和技能展开，如果教师的储备不足，有效教学就不能实现。所以需要教师做到：(1)发展自己不断学习的愿望，具有终身学习的态度；(2)相信“新的教育精神使个人成为他自己文化进步的主人和创造者”的主张，同样适应自己，不断充实自我学习的动力和内容，并积极地将其融入教学实践；(3)养成科研意识，把教学作为一门学问来看，以此推动教学创新。

(二)确认有效教学的标准

1. 由教育理论确认的有效教学

从理论上理解有效教学并不难。其一，有效教学源于 20 世纪上半叶的科学化运动。此前的教学观以“教学是艺术”为主流，而科学化运动是把教学作为科学，即教学这门学问不仅具有科学基础，而且必须运用科学方法来研究。[①] 其二，有效教学针对的是无效教学或低效教学，衡量的标准是教学之后学生的进步和发展。其三，学生的进步和发展，受益于教学的针对性、实效性和策略性，也通过效率、效果和效益表现出来。效率，既评估教学的投入和产出，也评估所用的教学时间；效果，即教学活动结果与预期教学目标吻合度的评价；效益，是对教学活动的收益和价值的实现，即指教学目标与特定的社会和个人的教育需求吻合度的评价。

理论上说，有效教学须考虑四个教学活动要件：(1)引起意向。即教学不仅仅是指人们必须学习的某种东西，更意味着教师有目的地引起学生投入积极的学习。引起学生的学习意向，意味着把学生置于教学活动的中心，将立场拉回到作为教学活动出发点和落脚点的学生身上。(2)明释内容。即指教师的说明与解释。为了将学生意向引向实现教学目标，教师必须以某种形式向学生描述、说明、解释、演示和示范学习内容。(3)调适形式。即教学活动必须用易于学生理解的方法，也就是适合学生发展水平的方式明示所学的内容。教学必须综合考虑教学内容和学生需求的结合，以学生已有的认知/情感状态为根据，考虑学习内容的呈现方式。(4)关注结果。即教学的目的是促进学生发展，落脚点在于让每位学生学有所得，各有所获。[②]

美国学者威廉·威伦(Willian Wilen)等人认为，“教学是一门由艺术家们所实践的科学。当教学能手深谙当代教学理论与研究时，那么他们教学的科学性就会非常明显；当他们能将这些理论与研究同他们的个性和悟性相结合时，课堂中教学动力的潜能就会加强。”[③]他们还通过《有效教学决策》一书，给出了教学决策，营造学习氛围、民主的课堂纪律、课程审思、教学计划、差异教学、基本的教学技能、主要的教学方法、促进学习、提高成绩策略和课堂行为评价等多套操作程序，对于教师认识有效教学有很大的帮助。

2. 由品德教育确认的有效教学

人的品德发展是一个持续不断的变化过程，而且有着一定的顺序性。从教育的角度看，学生的品德认识，一般遵循着由近及远、由浅入深、由具体到抽象、由片面到全面的顺序。品德评价标准，也有由品德行为后果到品德行为动机，再到品德行为动机和品德行为效果的统一的顺序。总体说来，人的品德按照从他律到自律的顺序形成和发展。因此，有效的品德教育具有阶段性，品德教育的内容和方法，超越和低估学生的年龄阶段性，都会是无效或低效的。

人的品德发展具有稳定性和差异性。前者要求教师善于把握那些比较稳定的共同特征，提出要求和选用恰当的方法。包括把握社会和教育环境的新变化，不断丰

---

① 20世纪60～70年代，研究的重点是在教师的性格和行为上。20世纪80年代，研究们已经能够辨别出教师的哪些教学行为可以促进学生的学习了。到20世纪90年代和21世纪初，各种研究还是希望教师的教学能够促进学生的学习成绩。

② 崔允漷主编．有效教学．上海：华东师范大学出版社，2009：13.

③ 威廉·威伦等著．有效教学决策(第6版)．北京：教育科学出版社，2009：1.

富品德教育的内涵。后者要求教师能够根据学生的个性和品德发展的速度、“关键期”和成熟水平，进行有针对性的“发展性教育”。

品德与社会教学应根据儿童的品德发展特点，关注以下重点：(1)形成初步的运用道德认识评价和调节自身道德行为的技能，主要指道德行为习惯。比如，能够从具体的形象性事情中概括地理解事实的部分；在道德判断方面，能够比较全面地看问题；在了解道德原则方面，能够说出自己的看法。(2)关注学生的言行变化，在适时协调出现的问题的同时，充分尊重品德发展规律。比如，学生会随着年龄的增长，越来越社会化。与此同时，也会出现言行不一甚至说假话的时候。对于这种“外露”行为，如果用简单、粗暴的方法加以压制，就会迫使他们有意隐藏或掩盖自己的行为，不仅起不到教育的作用，也让学生自己丧失自我调节的机会。(3)遵守纪律，形成规矩意识有助于学生成人以后有质量地生活，但是这种教育应该与他们的实际生活密切联系。值得注意的是，培养自觉纪律(出自内心的要求)，也是有阶段性的。第一阶段，依靠外部教育要求，依靠教师制定的具体规定和教师及时的检查；第二阶段，儿童还未形成自觉纪律，但已经体会到纪律要求，一般能够遵守纪律；第三阶段，把纪律原则变成自觉行动。

3. 由教师确认的有效教学

教学理论主要描述了教师行为，当然是教师确认有效教学的依据。品德教育原则和规律，则从学科的角度规范教师行为，当然也是教师确认有效教学的依据。为什么要多此一举再让教师自己来确认什么是有效教学呢?

第一，有效教学理论和品德教育理论，都有诸多流派，需要教师根据自身的学识和经验加以取舍和应用；第二，即便教师紧紧把握“以学生为中心”的有效教学主旨，在实践中还会有无可适从的感觉，就和应用建构主义理论一样，想做和会做有着一定的距离；第三，抵抗有效教学的社会势力还很强，他们经常偷换概念，诸如“让学生会考试了，就是有效教学”“有效教学就是高效(考得好)教学”等，这经常让教师自己怀疑自己尝试“探究性教学”[①]对不对；第四，对品德与社会这样的新课程进行有效教学，首先教师要给自己树立信心，这个信心源自他相信自己对有效教学有了充分的认识。

教师确认的有效教学主要不是从理念、原理方面看，重点在操作。要聚焦到教学设计和教学策略，并且落实到具体的知识和技能。比如，要和学生对话，就需要熟谙对话的技能；要展开榜样学习，就需要掌握模拟的技能；要实施真实评价，就需要运用有实效性的奖惩技能。总之，有效教学来自教师的智慧和创造性能力。无论怎样的教学环境和条件，哪里有学生喜欢的教师，哪里就容易产生有效教学。

---

① 崔允漷主编．有效教学．上海：华东师范大学出版社，2009：20.

案例指引一：营造学习的“场”①

一、弱水三千，慎取一瓢——找准问题点

我经常会设计一个问题情境，让学生思考、讨论、交流，因为只有找准问题，才能激发学生学习、思考的兴趣。

在讲《车的变迁》时，为了让学生对车的发展变化的纵向时序有比较直观的了解，我将课本上的插图和自己搜集的世界第一辆自行车的图片放到一起形成一个新的课程资源，让学生给这几幅图排序。

因为自行车是书中没有的，这样就有可能在学生中引发认知冲突。有的认为，它应该排在四轮马车前(想当然地以车轮多少为出现早晚的判断标准)；有的则在预习的基础上认为，它出现在四轮马车后。我问：大家同意谁的观点。再由这两名同学各自谈谈自己的依据，然后很自然地把课前准备的资料介绍给大家。

出示图片：谁能给这些图片排排顺序？

生：第一幅是滚木拖拉，第二幅是独轮车和马车，第三幅是自行车，第四幅是四轮马车，第五幅是蒸汽车和汽车。

师：能说说为什么这样排吗？有不同意见吗？

生：第一幅是滚木拖拉，第二幅是独轮车和马车，第三幅是四轮马车，第四幅是自行车，第五幅是蒸汽车和汽车。

师：能说说为什么这样排吗？

生：自行车是根据四轮马车发明的。

师：你能给大家讲讲吗？(中略)

这样，在师生对话中，学生的认知和思维发生碰撞，老师不必把标准答案或教条式的观点强加给学生，而是给学生一个自由的对话空间，让学生自己去思考、感悟，教师适时点拨、引领(理由：帮助学生学会如何用资料支持自己的观点，形成一种自我学习的意识和能力)。

二、按动“思维碰碰车”按钮——让思维碰撞

去游乐场玩过的人都知道，碰碰车就是让人体验碰撞的乐趣，我们在课堂上就需要为学生按动“思维碰碰车”的按钮。

还以刚才的课题为例，当学生理清车的纵向发展顺序，老师呈现上述图片内容出现的时间对比表格。让学生以小组为单位说说自己的发现，大家在交流中产生思维的碰撞，既要独立思考，与大家分享自己的发现，又要认真倾听别人的发现，大家的智慧火花得以共享。

组长代表汇报并板书关键词。(中略)

结合学生板书小结提升：(中略)。

---

① 原作者是山东省淄博市张店区公园新村小学张珊珊老师。摘自2012年省培作业本，本书作者稍作删改。

三、微微打开一扇窗——用留白促探索

苏霍姆林斯基曾说：有经验的老师往往只是微微打开一扇通往一望无际的知识原野的窗子，我们就可以在课后留给学生自我思考、探索的时间和空间，让他们积极自主地学习，学习的结果并不重要，但过程却是促进学生的认知和思维发展。

结尾时，我用一则"手机报"引导学生思考：车的发展还带来了哪些社会问题？该如何解决？让学生带着这个问题下课，在生活中继续思考、探索。

总体来讲，引导学生自主学习、独立思考，是一个长期的训练过程，老师应该有常抓不懈的意识和行动，要努力为学生创设学习的"场"，让大家在"场"的作用下，逐渐养成自主学习、独立思考的习惯和能力。

二、有效教学应该是个什么样子

(一)品德与社会是怎样的基础课

品德与社会是养成公民觉悟的基础课。犹如《课程标准》所说："良好品德是健全人格的根基，是公民素质的核心。"引申说，追求有效教学的目的，其具体内容指的是，针对公民素质养成学生相应的习惯——即帮助学生参与社会、学会做人，满足学生的生活及其社会化需求。提高德育的实效性，如果离开了公民素质这个大前提，就失去了有效教学的指针。

品德与社会教学基于学生的生活基础，传递养成公民素质的重要知识、技能、态度和价值观。它理应具有综合性、实践性和开放性，并使学生能够在自由且自然的环境中进步和发展。然而，现实的情况并不乐观，2012年山东省品德与社会全员培训的QQ群里，流传的《中美教师讲灰姑娘的故事》段子颇耐人寻味。

案例指引二：中美教师讲灰姑娘的故事

美国版：

上课铃响了，孩子们跑进教室，这节课老师要讲的是《灰姑娘》的故事。

老师先请一个孩子上台给同学们讲一讲这个故事。孩子很快讲完了，老师对他表示了感谢，然后开始向全班提问。

师：如果在午夜12点的时候，辛黛瑞拉没有来得及跳上她的南瓜马车，你们想一想，可能会出现什么情况？

生：辛黛瑞拉会变成原来脏脏的样子，穿着破旧的衣服。哎呀，那就惨啦。

师：所以，你们一定要做一个守时的人，不然就可能给自己带来麻烦。另外，你们看，你们每个人平时都打扮得漂漂亮亮的，千万不要突然邋里邋遢地出现在别人面前，不然你们的朋友要吓着了。女孩子们，你们更要注意，将来你们长大和男孩子约会，要是你不注意，被你的男朋友看到你很难看的样子，他们可能就吓昏了(老师做昏倒状)！

师：孩子们，下一个问题，辛黛瑞拉的后妈不让她去参加王子的舞会，甚至把门锁起来，她为什么能够去，而且成为舞会上最美丽的姑娘呢？

生：因为有仙女帮助她，给她漂亮的衣服，还把南瓜变成马车，把狗和老鼠变成仆人。

师：对，你们说得很好！想一想，如果辛黛瑞拉没有得到仙女的帮助，她是不可能去参加舞会的，是不是？

生：是的！

师：如果狗、老鼠都不愿意帮助她，她可能在最后的时刻成功地跑回家吗？

生：不会，那样她就可以成功地吓昏王子了。（全班再次大笑）

师：虽然辛黛瑞拉有仙女帮助她，但是，光有仙女的帮助还不够。所以，孩子们，无论走到哪里，我们都是需要朋友的。我们的朋友不一定是仙女，但是，我们需要他们，我也希望你们有很多很多的朋友。下面，请你们想一想，如果辛黛瑞拉因为后妈不愿意她参加舞会就放弃了机会，她可能成为王子的新娘吗？

生：不会！那样的话，她就不会到舞会上，不会被王子遇到、认识和爱上她了。

师：对极了！如果辛黛瑞拉不想参加舞会，就是她的后妈没有阻止，甚至支持她去，也是没有用的，是谁决定她要去参加王子的舞会？

生：她自己。

师：所以，孩子们，就是辛黛瑞拉没有妈妈爱她，她的后妈不爱她，这也不能够让她不爱自己。就是因为她爱自己，她才可能去寻找自己希望得到的东西。如果你们当中有人觉得没有人爱，或者像辛黛瑞拉一样有一个不爱她的后妈，你们要怎么样？

生：要爱自己！

师：对，没有一个人可以阻止你爱自己，如果你觉得别人不够爱你，你要加倍地爱自己；如果别人没有给你机会，你应该加倍地给自己机会；如果你们真的爱自己，就会为自己找到自己需要的东西，没有人可以阻止辛黛瑞拉参加王子的舞会，没有人可以阻止辛黛瑞拉当上王后，除了她自己。对不对？

生：是的！！！（以下略）

中国版：

上课铃响，学生，老师进教室。

师：今天上课，我们讲《灰姑娘》的故事。大家都预习了吗？

生：这还要预习？这故事我们都知道了。

师：灰姑娘是格林童话还是安徒生童话的人物？你们知道作者的生平事迹吗？

生：（学生心想，不都写在课本里了吗？有人打盹。）

师：这个故事有什么意义吗？

生：这是考试内容吗？

师：开始讲课了，请大家认真听讲。

生：已经开始好久了。

师：说到这里，大家注意这句话。这是一个比喻句，作者为什么这么写？

生：（无反应，N个人打盹。）

师：大家注意这个词，我如果换成另外一个词。你们看，为什么不如作者的好呢？

生：（木然）

师：大家有没有注意到，这段话如果和那段话的位置换一换，行不行？为什么？

生：我也不太清楚为什么。

师：你们为什么都无精打采的？要知道，不好好上课就没好成绩，以后考不上大学，还有什么前途！（以下略）

显然，这是为了讽刺而编的故事。可是有不少的教师感叹道："当时看完这个故事我哈哈大笑，直呼'经典'。过后，不禁冒出一头冷汗，不住地在思忖：在孩子们眼里我是美国版的老师，还是中国版的老师呢？我的课堂上孩子们是在兴奋地进行讨论，还是在睡觉走神？我讲的内容是让学生们终身受用，还是……"这类思考的深刻性在于反思究竟怎样的品德与社会才是有效的。

以往的"思品"课强调道德美感、道德判断、道德决策、道德行为、道德规范的时候多，而忽略对从公民教育的角度延伸其作为公民意识、公民素养、公民资质的内涵；社会课则旨在通过一些社会常识让学生了解社会，但因为它既脱离学生的实际生活，又有意回避人类社会活动中与品德相关的部分。于是，无论是品德课还是社会课，都依照"学科知识逻辑"进行教学，结果就出现了"中国版"教学。严格地说，这是苏联版，而非中国原创。其最大的弊端是：学科分割过细，所谓学科知识体系，皆是人为编制的；除划定学生学习阶段外，并没有真正考虑到学生在接受能力、学习进度、学习需求方面的差异，以接受课本知识为教学的主要目的；备课极为细致，以至教学可以精确到"教师说完教案中的最后一句话，下课铃响"的程度。总之，教师眼里没有学生，只有"学科"。

品德与社会是"学做人"的课程。具体说，是培养合格公民即落实公民教育的课程，不能目中无人。"学做人"，涉及公民在现代社会的公共领域与私人领域应该遵守的各类言行规范。比如，爱国、爱和平；遵守法律、社会习惯与规则；有为增进人民福利的愿望；承认民主价值和原则，发展公民道德等。品德与社会教学与单一的"品德教育"不同，它是将学校中的"学做人"教育，在横向上与家庭、社会和大众传媒环境有着实际的联系，在纵向上则主要基于本国的历史文化传统拓展基本认识。尽管"学做人"的教学活动依然以教室为现场，但是"学做人"的知识和技能范围和学习顺序却必须超越课本、超越学校、超越学科，直面越来越丰富多样的学生社会生活和实际需求。

品德与社会教学尊重学生的个性，并认为这是培养健全人格的前提。为此，教学关注学生的情绪、态度、兴趣、能力、气质等方面的变化，营造民主和谐的学习氛围，进行创造性和多样性的学习。其实，今天在校学生的素质也是国民素质的组成部分，学生(作为公民个体)在政治、思想、道德、学习、身体、心理方面表现出来的实际状态，一样能够反映国民素质(一国的总体)的一般水准。从品德与社会理想的课程价值看，其课程理念所体现的意义，就是通过教学养成良好的公民或国民习惯与自觉。除了个人品行的基本修养外，增强权利与义务意识十分关键。

(二)实现品德与社会的教学目标

有效的品德与社会教学，始于一个好的教学设计，好的教学设计又始于一个教学意向明确的教学目标。品德与社会的教学目标应该基于学生的经验确定具体的知识和技能事项；应该有一个广泛的学习视角，而非囿于片面的观念灌输；应该为学生提供多样的资源和学习活动机会，而非限定他们的学习模式和思考方式；应该在强调均衡发展的同时，关注个性发展，而非做整齐划一的行为训练；应该为学生提供真实的社会现实场景，将学习与科技、社会乃至未来的诸多可能联系起来，而非仅在课堂上虚拟道德故事；应该帮助学生学会做选择，而非只期待奉送真理或接受真理的教学。

教师经常做法的是："制定教学目标要看教参，再根据学生情况和教材制定教学目标。"实际上，只是对"教参"上的教学目标做些改动。有的教师则感到困惑："平时我们都是制定三维目标，但只有知识目标是实的，其他的目标好像都比较空，真是没办法!"这是推进品德与社会课初期最普遍的现象，教师不能区分课程目标和教学目标。经过十余年的实验，如今已大有改善。

有效教学要求教师分清不同层次目标的定位。比如，一级目标或可称为教育目的，是政府制定的目标，主要阐述国家的教育方针或培养目标，特点是关注"应该如何"的内容，陈述比较抽象；二级目标或可称为培养目标，是政府制定的专用于各类学校的培养目标，特点是对教育目的的具体化；三级目标或可称为课程标准，是政府聘请和组织学科专家制定各类学科的课程目标，特点是从"抽象"逐步过渡到"具体"；四级或可称为学习目标，是教师制定的学科教学目标，可细分为学年目标、学期目标、单元主题目标和课时目标，特点是比较具体并关注实际状态。①

仅就课程目标和课时目标(即通常所说的教学目标)而言，需要明确以下几个要点。

(1)课程目标是针对课程整体而言，阐明课程要达成的教学期望，包括知识、技能、运用和情感、态度和价值观。《课程标准》，"旨在培养学生的良好品德，促进学生的社会性发展，为学生认识社会、参与社会、适应社会，成为具有爱心、责任心、良好行为习惯和个性品质的公民奠定基础"，阐明课程所引导的总体方向，由情感态度和价值观、能力与方法、知识陈述较为具体的达成内容。教学目标源于课程目标所确定的方向和范围，但不是课程目标的复制品，它需要针对某一课时的教学过程，细化必须落实的教学任务。以学生为中心的课程，也用学习目标代替教

---

① 崔允漷主编．有效教学．上海：华东师范大学出版社，2009：110.

学目标。

(2)课程目标尽管比教育方针或目的具体一些，仍然属于宏观的、上位的目标。教学目标则属于微观的、可测的目标，不宜将需要一段时间才能养成的习惯、习得的知识和技能写入教学目标，因为在一课时内做不到。在实际教学中，仅以教学目标对应课程目标，也不现实。因为教学内容的构成方式是单元或主题的，理应设计一个中观目标。也就是说，从有效教学的操作性来说，教师有必要将上述中的四级目标再做一个划分。

(3)课程目标由学科专家制定，既具有较强的科学性，也带有一定的理想色彩。教师在把握它的整体、阶段、持续、层次、时间等科学特性的同时，需要有主见地落实它的教学理念。教学目标由教师制定并实施，在充分考虑课程标准的刚性要求的同时，必须结合学生的时间情况做有弹性的设计。也就是说，课程目标对教学的刚性要求主要体现在课程性质、理念、目标等原则方面，它决定有效教学做什么和为什么做的问题，但不能解决怎么做、这样做了会怎样的问题。后者是教师通过创造性工作完成的，例如，如何设计出色的互动活动等。

美国学者马扎诺(Marzano)等学者认为：确立目标就是在理解课程的基础上，能够有效地提高学生的学习效果。学习目标(教学目标)，便是让学生对学习结果有预期，他们要知道自己的首要学习目标。这样的目标，往往教师只要给学生一个就行了。他们还给出了一个运用方法，包括确立一般性目标、体现目标个性化、交流目标。比如，一般性目标，指学习目标不宜过细，因为这样可能限制到学生的学习行为；目标个性化，是指如果学习目标可以给学生指明方向，使他们灵活选定他们对某一个主题的兴趣，那么，这个目标就可以成为强大的学习工具。① 这些建议或许对品德与社会教师有帮助。

2. 教学目标的诊断与调整

案例指引三：宝贵的生命

情感、态度与价值观目标：明白无论何时何地都不能轻易放弃求生的希望，应积极乐观地生活，培养尊重他人的生命和乐于助人的高尚品质。

过程与方法目标：以创设情境导入、典型案例分析等形式，培养学生的自主学习能力。

知识与能力目标：明白生命都是有价值的，尊重自己生命的同时，也要尊重他人的生命，真正理解生命的意义不在于长短，而在于内涵。

这则案例关注三维目标，并尽可能使三者相互关系，形成一个整体。但是，不足之处也显而易见。第一，《品德与社会课程标准》中的“三维”是情感·态度·价值观、能力与方法、知识，而非情感·态度与价值观、过程与方法、知识与能力。严格地讲，这位教师没有遵循本课程的《课程标准》，也没有理解《课程标准》制定者为什么这么做。第二，即便教师所理解的三维目标没错，那么套用课程目标结构写教

① 罗伯特·J. 马扎诺等著．有效的课堂：教学手册．北京：教育科学出版社，2008：138～139.

学目标是否有助于达成目标吗？第三，事实上，这样的目标很难达到。具体分析，表现在以下几个方面：(1)目标的内容都比较空泛，而且是明显的说教口吻；(2)过程与方法目标只是罗列了三种学习方式，哪个才是重点？过程在哪里？(3)知识与能力目标实际没有具体内容；(4)目标主体比较模糊，如第一条目标可以认为是指学生，但更容易理解为是对所有人说的。

案例指引四：生命的宝贵

情感、态度和价值观目标：通过探寻生命的历程，了解成长的不易，明确自己的生命承载着亲人的爱与期望，知道生命不仅仅属于自己。

能力目标：体验社会对生命的关爱，初步知道生命属于自己，也属于社会，珍爱生命是一种责任。

知识目标：懂得要珍爱生命，善待生命，心怀感恩。

显然这则目标比上一个目标相对清楚一些，但是问题依然很大。第一，教学的基本指向不是认识学生自己的个体生命，而是别人的生命，带有较强的“为别人活”的感觉，这不符合品德与社会教学的基本原则和教育方向。第二，目标里没有涉及学习方法，“体验社会对生命的关爱”一句，“体验”的具体行为没有出处。第三，“三维”的内容也是错位的。比如，“善待生命，心怀感恩”很难说是一个知识。总之，这个“三维目标”一样是失败的。

从这两个案例中，很容易发现传统品德教育忽视个体的倾向，容易体会到为什么品德教育总给人大而空的感觉。在操作方面，两个案例都显现出对“三维目标”的误解，也实际混淆了课程目标和教学目标的区别。正是由于目标定位不清楚，教学主体模糊，没有运用好行为动词——明确学生能够具体学到的内容。可以断定，这样的课不会有效。

案例指引五：生命只有一次①

1. 探询自己的生命历程，了解成长的不易，体会生命的可爱，知道自己的生命承载了许多亲人的爱和期待。

2. 认识到生命是有限的，生命失去了就不会再来，形成对生命负责任的态度。

3. 知道要保护自己的身体，珍爱自己的生命。

案例三、四、五出于不同教科书版本的课例，属于“珍爱生命”主题，只是学习课题(以课时为准)的设计小有出入。不过，实际的教学差异很大。案例五无疑更符合有效教学标准，更符合5年级学生学习特点。仅从目标的操作角度看，(1)学习主体明确；(2)“三维”是个整体；(3)教师清楚做什么，学生知道学什么；(4)行为动词陈述恰当。

所以，教师依据教科书的内容和顺序设计清晰的教学方案是可行的，但是教科

---

① 执教者为甘肃省七里河区西站小学曾爱丽老师。选自李博，严俊辉主编．品德与生活、品德与社会优秀课例集锦．北京：未来出版社，2010：234.

书并不能帮助教师设计具体的教学目标。“仅依据教科书编写教学目标”，显然做不到。[1] 教师能否熟练运用设计教学目标的技能，关键还是看是否理解了课程，也就是由《课程标准》体现的课程方向和要求。据此，教学目标理应对学生的学习成果一目了然。在一个学习主题或单元内，应非常有序地安排学习内容和技能，既考虑到学生认知的有序性，也考虑到生活逻辑的有序性，不需要在一节课里塞满“三维目标”，而是在一个学习系列中有重点地让学生消化部分内容。总之，主题或单元目标可以依照《课程标准》采用“三维”的表述方式，而教学目标没有必要，它只需要考虑：(1)课上学生能够从容地学习并期望有生成的学习内容，能够为学生的理解提供什么帮助；(2)课上学生的获得知识和技能，能否对他们的情感、态度、行为方式产生影响，如果能，会是什么，如果不确定，就需要换一换教学思路；(3)怎样用最简洁、明确的语言表达所期望获得的教学成果；(4)怎样检测自己已经做到了什么和将要做到什么。已经做到的事，在下课以后较短的时间内即可知道；将要做到的事，虽然需要一定的时间，但学生会在各种场合带有倾向性地表现它们。

这实际上包含了教学目标设计流程。首先是研读《课程标准》，知道自己不能偏离什么，特别是课程理念部分非常重要，因为教师教什么是由它衍生来的，课程目标则是具体的实施途径和方法。其次是清楚主题或单元的地位，知道只有这个层级的目标清晰，教学目标才具有实效性。再次是全面考虑教学目标的针对性、主动性和实效性，完成以下步骤：(1)对学生学习现状的分析。指他们在学习方面目前的状况与所期望达到的水平之间的差距。可以采用内部参照法(指所预设的具体目标与学生学习现状之间的差距)，以及外部参照法(宏观的课程目标与学生学习现状之间的差距)。内部参照法中的“既定目标”直接关联课程标准。在操作中，必须结合课程标准解决“为什么”的问题。(2)学习课题分析。主要是理解教科书的主题，并确定该学习课题在主题中的地位，核心问题是解决“教什么”的问题。(3)学习特征分析。包括整体的学习环境和条件，学生的学习准备、学习动力等，以确定教学的出发点。(4)阐明教学目标。将课程目标的要求与具体的教学内容结合起来，通过若干分解的条目明确、具体地表述目标内容。此种表述的特征是：知识及技能要求具体明确；对活动范围、性质和程度所使用的行为术语规范、清晰；目标的达成度可以观察和测量。其中，目标中的行为动词，应该注意的是：行为主体应是学生，而不是教师；行为动词必须恰当，是学生可以理解的，能够用于观察和检测教师的达标情况。

概括地说，课程目标规定这门课程理应达到的教育效果或效益。比如，学生良好品德的形成和社会性发展都是养成性的，不可能在短期内现实。即使就整个小学阶段而言，这个课程目标也是奠定一个基础而已。主题或单元目标是针对一个特定的教学任务制定的目标，它是由学习任务驱动的目标，具有针对性、层次性和操作性。比如，有关规则的学习主题，学习视角会根据中高年级学生的认知水平有所不

---

① 教科书是可以明确写出单元教学目标的，问题是我国的教科书不采用这种形式。

同，但放到整个课程中看，同一主题的内容在不同的年级，其学习内容有层次上的要求。为此，教学目标必须承担细化课程目标的任务。

三、为了有效教学而设计

（一）课程设计贯穿教学过程

1. 理解课程设计思路

课程设计是对一门课程的组织形式和结构的设计。大致地说，它有两种编制决策：一是从价值理性的角度；二是从工具理性的角度。前者关注课程的价值取向，后者强调课程的技术取向。在分类上，有以学科为中心的课程设计、以学生为中心的课程设计、以问题为中心的课程设计。品德与社会属于以学生为中心的课程设计。该类型是以人为中心的哲学思想的产物。教师实施“活动—经验”设计，主要取决于学生的进步和发展需求，所追求的课程价值具有真实性、直接性和主动性。

品德与社会是在国家课程设计总体思路基础上，依照相关领域建立的小学中高年级以学生生活为基础、以良好品德形成为核心、促进学生社会性发展的综合课程。为什么设计这样一门课程在《课程标准》的前言部分说得很清楚，如何搭建课程实施架构在《课程标准》的设计思路部分也有清楚的说明，无需赘述。这里需要重申的问题是，教师必须了解它在义务教育中的位置，以及从课程目标到课程内容的实施要素、技术和程序。

为此，有必要精读《课程标准》中的如下表述：“本课程以学生的生活为基础。家庭、学校、社区、国家、世界是学生不断扩展的生活领域。社会环境、社会活动、社会关系是存在于这些领域中的几个主要因素。学生的品德与社会性发展是在逐步扩展的生活领域中，通过与各种要素的交互作用实现的。”

“本课程的设计思路是：一条主线，点面结合，综合交叉，螺旋上升。‘一条主线’即以学生的生活发展为主线；‘点面结合’的‘点’是社会生活的几个主要因素，‘面’是学生逐步扩展的生活领域，在面上选点，组织教学内容；‘综合交叉，螺旋上升’指的是每一个生活领域所包含的要素是综合的，在不同年段层次不同，螺旋上升。”

教师容易看到课程的“综合性”，比如，社会、地理、历史、道德、法律、政治、经济、文化、环境等多方面的知识，难点是不能依照某一学科的知识体系安排教学顺序。也容易通过学习主题，理解点面关系和螺旋上升，而在需要具体处理以儿童生活为基础的社会活动、社会关系和社会组织的课程内容（特别是进行自己的教学活动设计）时，常常遇到难题。

2. 围绕主线突出主干

每位学生都是具有完整生命意义的人。面对生活世界看其生命表现，既有认知的方面，也有情感、意志和行为的方面。在现实生活中，认知、情感、意志等因素在交互作用中往往同时作用于学生的生活。如果割裂了它们之间的联系或单独强调某一方面，都会有损学生生活乃至生命的完整性，学生的心理结构、品德形成也很难得以完善。在这种情况下，学生也在学习，但是学习过程仅仅是接受书本知识的过程，因它忽视了生命的意义，也使学习失去了真实价值。只有实现了情感、态度、行为习惯和知识技能的内在统一，才能赋予学习真正的意义和价值。其前提便是让它们与学生的生活密切联系，即造就有生命的课堂。

学习的过程，理应经受认知挑战、并满足获得知识和在充盈情感、心灵的需要，这是人的全面、主动发展所必需的。情感、态度、行为习惯、知识技能的内在统一，促进学生良好品德形成和社会性发展，依然强调以学生生活为基础，通过认识社会、参与社会、适应社会的教学活动，进而实现培养具有爱心、责任心、良好的行为习惯和个性品质的合格公民的课程目标。

引导学生对周边生活环境进行观察、考察和调查至关重要，不仅因为它是落实“一条主线”的教学方式，还因为它是主题小的主干。诸如，理解个人和社会赖以存在和发展的条件，理解生态环境与个人及与社会之间的关系；了解与自己生活相联系的往事和先人的业绩，理解过去与现在、现在与将来的联系，尊重和热爱民族传统文化，增强民族自信心和认同感；参与社会服务和公益活动，与他人交流和分享社会生活的经验和认识等。

案例指引六：只有一个地球(单元目标)

1. 认识到地球为人类提供了生存与发展的基本条件，具有乐意探究地球、感激地球的情感。

2. 了解人类探索其他星球和制造另一个“地球”的努力，进一步体会地球是人类唯一的家园。

3. 利用多方面的资源和资料，了解环境难题以及人们为保护环境所做的努力，志愿做一个环境保护者，并为此有明确的主张，而且能尽力而为。

在长期的德育实践中，人们认识到学生思想品德形成的过程是知、情、意、行的培养过程。教学是通过有效的活动组织和交往，将外在的教育施加给学生，并在他们的主观世界里产生积极影响。这些影响包括：学生对所施加的教育方式(如对话)、教学方法(如情境)有较为强烈的心理反应，以刺激他形成要去探究的动机，进而能够为自己采取何种行动做出选择；表达或表现是最为关键的结果，通过教学活动和人际交往表现出来的言行，具有实际的教育意义。如果教师能够帮助学生针对真实的部分，在多种情境中反复训练和验证的话，良好行为就会变成习惯，并有助于发展学生的个性。简单地说，品德形成过程需要有效的活动组织和交往条件，它是一个不断积累的、不断充实的过程，而且这个过程只能在学生生活基础上展开才是有效的。所以，学生的品德形成和社会性发展要从他们对生活的认识、体验和感悟开始。

3. 将课程设计思路贯穿教学全过程

“综合交叉，螺旋上升”是说重要的品德教育内容会在不同的年级段重复出现。

比如，《课程标准》“我的健康成长”板块中第五条，就有“懂得感恩和基本的礼仪常识；学会欣赏、宽容和尊重他人”等内容，虽然明确规定中、高年级都需涉及，但是具体到教科书编写、教师的教学设计时，作为学习主题弹性还是很大的。如果将其做比较细致的分层学习，有可能内容在不同年级“跳跃”。所以，教师做教学设计，一定要把握好《课程标准》的整体思路。

再有，教科书为教师用好《课程标准》提供了把手。首先，教科书的整体构想使《课程标准》中的课程内容具体化、条理化，突出了同一主题在不同年段的学习重点，既考虑到学生特点，也给出了具体操作的步骤，更便于教师有创造性地教学。

“综合交叉，螺旋上升”的课程思路，有助于对同一单元或主题内不同课题的定位。比如，单元“不屈的中国人”，用三个课题反映近代中国社会的变迁过程，即“不能忘记的屈辱”“不愿做奴隶的人们”“为了中华民族的崛起”。教师在设定单元活动目标时，就需要确定一个核心观点，将三个课题聚焦在“不屈的中国人”上面。反之，教师只关注第一个课题讲屈辱史，第二个课题讲抗暴史，第三个课题讲建设史，容易支离破碎地处理史实，讲了数个星期的课，学生依然不知所云。也就是说，品德与社会教学不宜仅盯着具体内容，教一课就备一课，怀着临时抱佛脚的心态。而是立足于单元或主题，建构大的教学格局，抓住中心思想或核心概念，把课题当成问题顺序和视角来处理。

（二）有选择才有思考

《课程标准》在阐释课程性质时，就其开放性写道：“课程内容根据社会生活的发展变化和学生身心发展的需要，有弹性地吸纳鲜活的社会生活事件；教学空间从课内向课外延伸，从课堂向学校、家庭和社区扩展；课程评价关注不同学生的学习起点和学习态度，不以单一指标评价学生的发展，评价不仅关注学习结果，更重视学习过程和日常行为。”其内涵有三：课程应当为学生提供尽可能多的进步和发展机会；学生的进步和发展需要面对真实的生活世界；学生是否获得了进步和发展，不能仅仅看他们学到了什么，更重要的是他们自己能够独立地想什么、做什么。

1. 培养尊重事实的态度

这是品德与社会教学重要的目标之一，因为尊重事实不仅是良好品德的基本特征，还是学生独立地解决问题的行为基础。它意味着学生需要从小养成对世界上的任何事物和事件，具有一种健康的怀疑态度。从教学的角度说，就是通过学生的好奇心帮助他们形成质疑态度。或许家长、学校和社会并不欢迎这种做法，认为这样做可能导致学生的怀疑态度。他们更愿意教师直接告诉学生应该做什么，不应该做什么。而事实上，只要教师的态度端正、方法得当，就不会出现不良的后果。相反，禁锢学生的思考才后患无穷。

传统的学习很少让学生自主选择，一般的做法是找到权威性的知识来源。幼儿依赖父母，小学生依赖教师。好问，本来是小孩子的天性，但事实上，无论是父母还是教师，都愿意让他们接受现成的权威知识，他们也把自己看成是这些知识的传声筒。随着孩子年龄的增长，知识越来越多，他们的疑问也随之增加，父母和教师所给的现成答案，并不总是令他们满意的，特别是当他们还有机会利用互联网，或和小伙伴之间密切交流的时候，他们更信服从“事实”看到的结论。本来这是因势利导的最好时机，而恰恰在多数情况下，“正式教育”是使反力的，甚至“事实”让他们糊涂。比如，教师告诉他们做人要诚实，可是为了迎接一次检查，却让大家掩盖班集体平时的邋遢，极力敷衍学校，文过饰非，就会让学生怀疑他们究竟要做什么样的诚实。没有选择的学习内容，带来的可能就是不假思考的服从权威。听话是服从，被动地接受也是服从。当教师不能确保他的权威性在任何情况都可信时，学生就有可能用不同的方式，挑战教师的权威性。或是提问，或是不听话，或用社会的流行观点反驳教师的正确观点。问题是教师把它仅仅当作调皮捣蛋，还是能够意识到这是一种挑战。以往的教学经验是让教师管住学生，办法是只认可书本告诉你的东西。

品德与社会教师面对的问题更复杂，其中一个重要原因是教科书也不能告诉学生他们必须这样做而不能那样做。常态的情况是，教科书内容不都是事实，它的可信度需要教师复证，而且有时候教师自己难以确认事实的可靠来源。所以，与其依赖书本和大脑里有限的储存去教“正确的知识”，不如教会学生自己去面对真实的世界，逐步学会选择。

据此，品德与社会教学要花费大量的时间和精力组织学生开展观察、调查、探究等实践活动。有趣的是，面向事实的教学，不仅不会降低教师的权威性，反而让学生更信赖跟着教师学习，只是学生不再把教师作为信息的唯一来源而已。“学生喜欢学校，他们愿意上学，很爱上品德课。”这绝不只是有他们投缘的小伙伴，还有他们喜欢的教师。正是在这个基础上，教师的引导才更为显著。和成人一样，儿童相信什么“是真的”，只是因为他们相信事情就是这个样子。比如，有人认为，吃饭吧唧嘴是非常没有教养的表现；而有人则认为，这是表示吃的快乐，与礼貌无关。有的人认为，约会不仅要准时，还以早到几分钟为礼貌；有的人则认为，准时不是卡钟点，甚至为了显示地位、辈分，身份高者绝不能早到。这样，在教学中确认某种行为不是做作，最好是通过真实的现场加以辨认和认同。确认知识的真实性，则必须通过探究来“证明”。前者通常运用情境的教学方法，后者则基于调查做科学的解释和说明。无论怎样，针对事实的教学，都需要一整套的科学方法。概括地讲，就是：(1)通过有较多选择项的事例；(2)发现问题，找不同方面的可能性；(3)形成假设，一种自己认为可能了解事实或解决问题的方法；(4)搜集资料和用于比较的事实；(5)依据资料和事实检验假设；(6)基于检验得出结论，认识到这是目前能够知道的东西。

这个过程不是僵化的步骤，或许更像是一种思考方式。在其中，因果联系之间需要有确凿的资料依据或可观测的事实；基于科学方法得出的结论可以接受；自己探究所得的结论，特别是仅基于手头现有资料得出的结论，或许只能表现部分的事实；每个结论都有修改的余地，即在掌握了更多的资料和事实以后，结论是否需要重新解释。也就是说，从品德与社会学到的东西，应该是理性的。它具有这样一个特征：我们认识的事实——也包括概念、观念，只是基于现有的资料或事实得出的可能性结论，而不是不能变更的结论。任何问题都可以探究，也值得深入地探究。还有，就是人们了解事实都是有选择的。

探究未知世界是学生的权利，也是学习的本质。教会学生如何探究是教师的责任，而尊重学生的探究欲望和思考权利，是教师的义务。

2. 通过教学创新培养思考能力

“创新”即“抛开旧的，创造新的”。创新的狭义的概念，将“原创”和“再创”区别看待。“原创”即发明，特指新工具和新方法的创制。“再创”就是基于原创所做的有主见的应用。所以“创新能力”旨在能够促使新工具和新方法发挥应有的作用或价值。广义的概念，既包括“再创”，也包括“原创”，而且还有层次之分。比如，个体化创新和社会化创新等。显然，“创新能力”是与个人的或群体的创造活动联系在一起的，表现于人类社会、经济和文化活动事物或观念的新颖性，并具有特定的人生价值和社会价值的综合能力。将这种能力运用在教育方面，则可以概括为：不为权威结论所束缚，不为流行的观点所淹没，不因眼前的困难而退缩。有效教学即是教学的创新。

与过去只承认少数杰出的发明家和艺术家才具有创新能力的观点不同，现代教育更强调每个人特别是儿童都具有创新思维和创新能力。因为创新思维具有强烈的个性色彩，所以要求教师要能够了解学生的现实能力，认识学生个性发展潜能和创新思维发生的可能性，而且在教学过程中，应尽可能多地为这种可能性创造条件，并通过有效的学习指导将其转化为现实能力。一般而言，学生一旦获得了这种能力，便能够较好地调节自己的行为方式，确保他们在一种活动向另一种活动的迁移中始终具有积极性和主观能动性。

品德与社会的课程总体目标内含创新能力，这在其“必须贴近儿童的生活，反映儿童的需要，让他们从自己的世界出发，用自己的眼睛观察社会，用自己的心灵感受社会，用自己的方式研究社会”的课程理念中，已有明确的规定。在课程的具体目标的陈述中，教师的教学创新能力则反映在发展学生的思考能力，其中一个重要理由是，要落实课程目标教学必须引导学生自主学习和独立思考。[①] 事实上，从20世纪80年代开始，教师们在教学观上已经接受了培养学生的思考能力的观念，只是在操作上——个人的创新能力——还存在诸多困难罢了。想做的事和可能做到的事之间还存在较大差距，需要教师不断充实相关知识和技能。

品德与社会在教学理论、课程设置方面提供了最有价值的教学实践空间，教师由此定位有效教学并非难事。第一，品德与社会的课程理念和内容构成，打破了以往仅依赖知识的增长获得思考能力的习惯，而是直面学生的现实生活，关注获取知

---

① 中华人民共和国教育部．品德与社会课程标准(2011年版)．北京：北京师范大学出版社，2011：20.

识的技能运用。第二，品德与社会教学方式，抛弃了灌输书本知识和道德故事的方法，它相信学生品德的建立源于对社会生活的认识；教学是否奏效，要看学生有无进步而定，而非教学方案中积累了多少资料、说了多少漂亮话。第三，学生的进步和发展要有表现，而且不依赖学业成绩。尽管知识的积累和知识的运用相辅相成，学业测量可以呈现学生部分的学习成就，但是闷头学习不善交流、只要成绩不善生活的“好学生”，不是品德与社会教学的目标。

理想的品德与社会教学，为学生通过尽可能丰富的选择机会，为的是发展他们的思考能力。它包括：(1)呈现多角度的事实性知识，从中识别所研究的问题；(2)要依据资料得出推论和结论，需要多方面的比较，判断哪些是有用的、哪些是相关的；(3)研究问题需要形成假设，运用资料验证假设是必需的步骤；(4)解决问题需要制订计划，以便自己能够逐步地达到目标；(5)资料的丰富程度以及选用和鉴别资料的技能，有助于获得较为客观的结论；(6)如果能够对研究进程、问题和结果有一定的预测的话，将有可能得到更满意的结果。

熟练地掌握这些技能，需要持之以恒的努力。对品德与社会教师而言，还要知道该做到什么程度，如果操之过急做了中学教师该做的事，反而费力不讨好。关键是把这些技能连同思考方式，自觉地渗透到相关的学习活动中，而不是常常警告式地提醒学生哪些技能有多么重要。要知道，教学中的很多道理只需要教师吃透，而不需要学生了解，他们需要的是去做，在做中养成习惯。

案例指引七：三个“还给”的启示①

合理“让”位，把课堂还给学生，叩开兴趣之门

我在想，可不可以在一定时候，将讲台“让出来”。让给学生，使他们有当小老师的机会，并调动他们的学习热情与主动性；让给家长和社会其他人士，借助优质的资源丰富教学内容。我先尝试开辟了家长讲堂，试行“品德助教”。“经五”家委会丰富的“人才资源”，给了我极大的支持。我找到班级家委会的家长朋友商量，把想聘请他们进课堂的想法和他们沟通交流，家委会的朋友十分支持。于是，家委会的家长朋友走进了课堂，为学生们讲解了交通安全、卫生常识、数学技巧、水循环等多方面的内容。

只要教师能够找准学习的切入点和学生喜欢的话题，再进行巧妙设计，课上学生的小脑筋就会飞速运转，提出一个接一个的问题。课后，家长们都说：“经五”的孩子思维太活跃了。

此外，在教学中，我还请班上动手能力强的学生做小老师，教大家折纸。利用学会的折纸技能，与课程内容结合，创作出学生自己喜欢的图画。在这个过程中，学生学会了等待，学会了提问，学会了尊重。

“导学求法”，把空间还给学生，开发学生潜能

自主学习，不是放任自学，而是在老师指导下的学生自学，老师的导与学生的

---

① 执教者为山东省济南市经五路小学吴晓辉老师。

学相辅相成。在讲授《我们的生活离不开他们》时，我采取了诙谐、幽默的聊天形式导入，以学生身边最常见的生活方式引导他们思考，让他们在轻松快乐的氛围中获取知识。（中略）

引导学生及时归纳他们的想法和知识，用下列方法帮助他们梳理思路：

（种植—采购—运输—检验—销售—消费—饭桌上的菜）

（养殖（家禽）—屠宰—运输—检验—销售—消费—饭桌上的菜）

（养殖—捕鱼—运输—检验—销售—消费—饭桌上的菜）

师：像这样的过程，我们可以把它看作服务链。那在我们的生活中还有哪些类似的服务链吗？（小组活动）

小组学生汇报：衣服的服务链、建筑的服务链等。

师：通过刚才的交流，大家明白了，像这样的服务链数不胜数，怎么也说不完。我们还从中获得了哪些启示呢？（以下略）

采集实践的“火种”，把快乐还给学生，延展学生思维

热爱生活才能感知生活、享受生活。课间和学生聊天，有一个学生问我：“济南市的市花是荷花，我们平时都见不着，只有到大明湖才能看到荷花，把荷花作为市花太勉强了吧！”听到学生又有新的话题，我很高兴，这说明他们平时观察十分细致。我附和着说：“也是。要不，我们一起搞个小课题吧！专门做个调查吧。”

那位同学说：“我们‘组团’吧！我发现的，我提出来的，我应该任团长。”看到学生这么热情，我对他说好，一切都交给你，你任团长，我做后勤。我们利用业余时间，一起调查研究，一起汇总资料。在这个过程中，得到了家长的帮助，学生之间相互谦让、合作，各自表达意见，有争执甚至有烦恼，作为“后勤部长”，我及时与他们进行沟通，让他们知道，做一件事不容易，把一件事做成功更不容易，鼓励他们大胆寻找解决困难的方法，遇到挫折不后退，共同想办法、共同解决。这一刻我发现，学生是独立的，学习是快乐的，收获是丰实的。

第二章
做会行动的人

△ 品德教育须用事实说话

△ 从学会尊重开始教育

△ 知识需要重点

△ 情境的作用在于引导真实

△ 教学细节有助于理解

引言：基于儿童的真实生活

让学生从事实中学习东西并不容易，但是非常重要。了解事实是理解概念和观念的关键，一是它不再使概念和观念枯燥，而且由事实呈现的故事细节，更容易感化学生；二是它比单纯地灌输概念和观念的视角要好得多，易于从多个方面向学生提问，也由此增加了生成的机会。所谓真实生活，就是一个个鲜活的事实。“基于儿童的真实生活”的教学，需要为学生准备各种基于事实的范例，教师不仅要事先清楚这些事实的选用标准，还要有能力帮助学生掌握与分析事实、运用事实相关的多种技能。它们包括：(1)怎样知道该事实是我所需要的；(2)怎样运用事实阐释自己的观点；(3)怎样证明该事实在日常生活中的重要性；(4)怎样确认该事实具有长效的影响。总之，回归儿童生活也好，珍视儿童生活的自身价值也罢，如果不是依据事实教学，仍然照本宣科的话，就不可能有个儿童生活在教学中。

我们班有一位长有胎记的女生。一天，一位坐在她后排的男生来到我的办公室。“老师，我想反映一下班里的情况 。”“好呀，快说吧。”我微笑着回答。

“一些男生，说某某眼角那块红色胎记，长得太难看了，是个‘丑八怪’。现在她知道了，很伤心。其实，她特别愿意帮助别人，我也说过她的坏话，想当着全班同学的面向她道歉。”“还有别的办法吗？我觉得可能会让她尴尬，反而伤害她。”我引导他采用更妥当的办法，自己也陷入了沉思：我们的教育过多强调知识、技能的重要性，忽视了对学生品德的培养。之后，我找了几名同学详细了解了情况，决定在周四的《将心比心心更宽》一课上启发同学们解决这个问题。

上课了，我在黑板上写下课题：将心比心心更宽。随后进入一个情景剧，由学生表演。

情景 1：讲台上，教师表情严肃。讲台下，一位女生精神不能集中。

师：你怎么又没有做作业？

生：我不会做，而且做得很慢。（低头）

师：回去把你的家长叫来。

同学们有些起哄，对这个女生说三道四。

生：……（做眼泪汪汪状）

情景2：一天老师傍晚回家，突然看到路边街灯下有个看书的女生，过去一看竟然是她！“这么晚了，为什么不回家？为什么在这里看书啊？”老师问。她说：“我没有地方看书，也没有时间写作业。老师对不起！”

表演结束后，我走上讲台：“大家都想知道，这位同学为什么没有地方看书、为什么没有时间写作业吧？可以找到很多理由，可是这都不是。最重要的是什么呢？”“她想好好学习！”“她已经努力了，一定有我们不知道的事！”学生纷纷答道。“说得太好了！剧中的老师犯了一个错误，在没有调查的情况下，武断地要请家长。应该先和她沟通才是。同学们起哄，也是一种嘲笑，只看到她的学习成绩，没有了解更多的方面。其实，大家不知不觉地犯了歧视病！如果你们是剧中的女同学该是什么感受呢？”（允许学生自由表态）

师：“歧视和欺负一样糟糕，能够造成许多恶果。我想同学们对此有很多话要说，下面分小组活动，找找我们身边歧视和欺负同学的现象，看看怎样解决这些问题。老师建议大家，可以多想些巧妙办法向你最想道歉的那个同学道歉，真诚才是最重要的。”（学生讨论）

雨果曾说过“世界上最广大的是海洋，比海洋更广大的是天空，比天空更广大的是人的胸怀”。通过这个教学设计，实现了那个男生道歉的愿望，同时也借这件事使学习主题更加鲜活。

课后，我发现班上的同学都有一些变化，时常在脸上洋溢着自信的笑容。①

一、在参与中发展

（一）品德与社会是“学做人”的课程

据冯友兰说，“做人”是宋明道学中的名词。“做人”就是要区别于禽兽。“若不照着人之所以异于禽兽者去做，而只照着人之所同于禽兽者去做，即不是做人，而是做了禽兽。”②所以，“做人”是要有一套做人的标准。因为“没有人能离开社会生活。人的生活都多少必须是社会的生活。社会的生活都多少必须是道德的生活。没有完全不道德的人能有社会生活者。”③这标准便是人类社会的标准。引申说，人只

① 根据2012年继教网“国培”学员作业“爱托起一片晴空”改编，原作者是贵州省绥阳县温泉小学文扬兰老师。

② 冯友兰著．新世训．北京：北京大学出版社，2011：22.

③ 冯友兰著．新世训．北京：北京大学出版社，2011：28.

要生活，就必须依照一定的规矩。这个规矩，以道德作为文明的标尺。

一个社会文明水平高不高，一个人的修养好不好，都由道德标准来衡量。事实上，没有道德的约束，人的生活就会乱套。只是不同的社会，道德的标准不尽一致罢了。总的说来，“学做人”，就是知晓、习惯、确定乃至遵守社会生活中的道德规矩。它开始是外在的，一旦作用于人的社会生活，就必须有一个将其内化的过程。比如，一个人随地吐痰，在没有道德约束下，只是个人行为。然而进入公共道德视野，这种个人行为就必须有所约束。否则，会招致其他人的反感。个人受群体质疑或反对的行为，迫使“个人自由”有所限制，并根据群体认定的文明规则矫正个人习惯。学校是公共教育场所，习得人们共有的文明规范和价值准则。因此，学校教育更重视公德教育，以致品德教育显得尤其必要和重要了。“学做人”，要以社会生活的共同标准为对象，要在真实的社会生活中来习得。

1. 品德教育必须基于学生的真实生活

品德与社会课与过去的思想品德课最大的不同，是把学生生活作为课程的基础。“学做人”的“学”字，只有指向学生的实际生活，他们才能真正地参与其中，形成一个社会应有的品德。单纯地说教没有效果，就是因为品德教育被真空化了。比如，教师无论使用多么激情的素材感动学生，它都只是一种教学技艺而已，不可能让学生从中产生真实的感受。或许更糟糕的是，激情作为人的天生技艺，常常隐藏着另一个谬误，即(法)拉·罗什福科(La Rochetoucauld)所说，这种规则性教导背后，是教育别人的人“认为自己永远正确无误”。然而，事实是，人不犯错误才是对生活的最大讽刺，“人不犯错误或尽可能不犯错误”，是自我麻痹的想法。儿童做不到，大人更做不到。“正确的教导”有悖人的天性，它在使品德教育披上华丽外衣的同时，不仅泯灭了教育中的童真、童乐、童趣，而且失去人以及他所生存社会的真实。不真实，便会让真理变成谬误。

案例指引一：社会文明大家谈①

激活真实事例，换位思考、生成问题

展示百度图片(WWW. cctv. com/news/focus/stortoy/20021021/36. html)

PPT：同学们，这些工人在干什么？

(呈现真实事例，而且似乎很平常)

生：清扫天安门广场上的口香糖。

师：你们确定是口香糖吗？是天安门广场？需要动用这么多工人吗？

(引发学生思考。为什么教师要展示这些口香糖？是天安门广场？值得大惊小怪吗？给学生一个短暂的思考时间)

生：没错，是口香糖和广场，照片上有天安门和纪念碑。

师：好的，你们说得对。请大家打开阅读材料，从文字材料中快速找出最令你们吃惊的一句话。

---

① 摘编自黑龙江省同江市第一小学孙存丹老师的同名课例。

（学生或许已经感受到问题并不简单。教师的强调，让他们马上意识到天安门广场是个特殊的地方——它具有象征性，本应该是个非常干净的地方。另外，快速阅读在这里不是在技能上的要求，而是给学生的心理暗示，他们一定能够发现什么）

生：哇！60余万块口香糖。每平方米就有5块，总共要花14万元。

师：或许平常人们不把随意吐口香糖当回事，可是大家看到了，就是这样一个小动作将给清洁工人带来大麻烦！你们是不是还能想到其他的问题？换位思考一下：假如你是乱吐口香糖的游客；假如你是清除口香糖的工人；假如你是一名游客；假如你是外国人；是怎么想的？（小组讨论）

（事实非常清楚，不必教师刻意拔高教育，只需引导学生多方面、多角度地思考问题，尽可能生成他们的新认识。随后开放课堂，让学生各抒己见，说说解决问题的办法）

2. 良好的品德教育寓于自然之理性

品德与社会“以儿童的发展为中心”构建课程。“以儿童生活为基础”，既体现了一种课程理论，是实施课程的理念；同时也是一种指导思想，贯穿于整个教学过程。另外，作为课程、教学发展趋势，它也反映了人类教育活动的普适经验。尽管学生是正在成长中的人，但是他们一样有着各种权利和尊严，社会越是文明、进步，对他们的赋权就越多、越具体。没有对儿童的尊重，品德与社会的支撑点就不存在。

据此，无论怎样强调参与都不过分，因为学生的良好品德形成和社会性发展，都需要通过积极参与来实现。而且，在参与教学过程和社会活动中，尊重才能发挥更有效的教育作用。引申说，学会尊重和得到尊重，要在轻松自然的环境中获得效益，而不能一味通过说教式的“正确指导”达到目的。参与活动越是在自然的环境中展开，品德教育越是自然，就越有成效；社会性发展越是在真实环境中落实，品德教育越是自然，就越有成效。

总之，体验性活动(参与)是实现课程目标的基本途径。在体验中习得、验证和内化品德，显然比正确地灌输更有效。判断力优于其他一切能力，是提高品德教育针对性的关键目标。教师如果能够多采用对话方式，以阻隔品德灌输，课堂氛围就会轻松自然，学生就会有更多的机会表现自己。要知道，当学生没有或极少表现时，品德教育的所谓效果往往自欺欺人。要做到“以学生为本”，就必须充分发展学生的创造性，没有创造性的品德教育是可怕的。要培养学生的创造性，就必须以自由(自由发现、自由表达)为前提，并尊重学生的见解。

案例指引二：居家生活讲节约①

一、消费模拟：元旦购物(内容略。评：密切联系学生的生活经验，调动学生学习和探究的乐趣。这一环节让学生体验购物的过程，为下一环节的开展奠定基

---

① 执教者为福建省厦门市海仓区延奎小学蔡丽萍老师，评析者为席霍斌老师。

础）

二、讨论：钱来得容易吗

师：你的零用钱从哪里来的呢？

生：是爸爸妈妈给的。

生：爷爷奶奶给的比较多。

生：还有其他亲戚给的。

师：你们一个月大约有多少？

生：一天一元，一个月30元左右。

生：我的零用钱是从压岁钱中提的，有时多，有时少。

师：也就是说，都是家长给的，对吧。我们想下一个问题：你们在花钱时考虑过父母的辛苦吗？

生：我觉得赚钱不容易，妈妈过生活很节俭。

生：我父母对我不吝啬，但他们对自己节俭。

（播放录像：学生家长讲述他们工作的基本情况）

师：从录像中，父母们告诉我们这样一个道理。理解父母赚钱不容易是一个方面。但是，“不和别人比吃穿，不乱花钱的习惯”更重要。

三、启发：怎样花零用钱（内容略。评：学生畅所欲言，互相借鉴，在班级中形成一种乐于交流的氛围。学生在交流中学会合理地分配和使用自己的零用钱，展现学生的独特见解）

（二）在参与中学会思考和行动

品德与社会课程或许比其他课程更依赖于活动，不只是活动可以激发学生的兴趣，更重要的是能够发展学生的创造性和表现力。当今世界充满着各种创意，而且人们无处不流露着表达的冲动。不会表达，不善于表达，没有能力表达的人，将很难有成功的可能。也正是如此，品德与社会独有的活动特性，才显得特别具有生命力。生命力源于思考的活力，思考的活力带动积极的行动。

1. 基于教学策略构建教学活动

有的学者认为，教学策略指教师想要达到某种预期效果而采取的一整套教学行为。也有的学者认为，教学策略是教师达到教学目的而运用谋略的技巧或艺术，主要表现在教师策划、组织教学活动以及处理课堂教学问题等活动中。在实际教学中，教师更习惯于将它看成是为了完成一定的教学任务，师生在共同活动中采用的手段。既包括教师教的策略，也包括学生学的策略。

容易和教学策略混淆的概念是教学设计。教学设计是一项现代教学技术，也称为教学系统设计。就其概念而言，教学设计是一种开发和创设学习经验和环境的技术，这些学习经验和环境有利于教学活动的顺利展开，从而有利于学生获得特定的知识与技能，并使这一获得过程更有效率、更有效果和更吸引人。掌握不同类型的知识和技能需要不同的学习条件，需要不同的学习经验和环境的支持，教学设计的目的正是开发和促进学生掌握特定知识与技能所要求的经验和环境。

教学设计的重点是创设学生自主学习的氛围，设计学生乐于参与的活动，激活、丰富和提升学生已有的经验。教学设计可分成学期、单元、每课等不同层次。学期教学设计指的是根据教学计划、课程标准、选用的教材及本校的实际情况对一个学期的教学做出规划，形成方案。单元教学设计指的是根据学期教学设计，针对单元的教学实践做出规划，形成方案。每次课的教学设计，旨在规划和设计一课时(通常是40分钟)的教学方案。

现代意义上的教学设计不同以往，它是将学与教的原理转换成教学材料和教学活动方案的系统化过程，或看作进行教学系统计划的一整套具体工作步骤或操作程序。有效的教学设计需要依靠科学的理论，如学习理论、教学理论、传播理论和一般系统理论。

显然，教学设计和教学策略都强调操作性技术。但是，两者的着眼点不同。教学策略侧重于具体方法的实施和技能指导，诸如传授知识策略、形成技能策略、巩固知识和技能策略、检测知识和技能策略、学习活动指导策略以及实证研究指导策略等。把握教学策略的重点是运用科学方法有效地学习，它有利于培养学生的技能、技巧和运用知识的能力，有利于激发学生的学习欲望。

案例指引三：导入的策略①

故事导入：故事导入法，即以孩子们感兴趣的故事导入新课的学习。在教学中根据具体内容，恰当穿插一些趣味性较强且寓意深刻的故事，不仅可以活跃课堂气氛，激发学生学习兴趣，加深学生对课本内容的理解，还能通过直接经验和间接经验相结合的规律来进一步提高学生的思想觉悟。

漫画导入：既增添了课堂教学趣味性，又能启发学生思维，具有明显效果。品德与生活、品德与社会教材中就有大量与现实生活密切相关的话题，如果能恰当地利用漫画，可以化抽象为直观，变枯燥为生动，激发学生学习兴趣，培养其观察力与思维能力。

歌曲导入：生活离不开音乐，美妙的歌曲可以感染人的情怀。积极向上、健康高雅的歌曲，既可以活跃课堂氛围，融洽师生关系，又可以释怀学生心灵，在轻松愉悦的环境中感悟新知，获得学习的乐趣。品德与生活、品德与社会课程教学必须把情感目标摆在十分重要的位置。只有增强学生的人文情感、社会情感和思想品德情感，才能真正体现本学科的德育功能，完成育人任务。而激发情感的一个有效手段，就是教师根据教学内容，恰当、适时地播放一些格调高雅、积极向上的优秀歌曲，寓教于乐，寓教于美，陶冶学生情操，丰富学生情感。

实例导入：运用贴近学生生活的实例进行教学，引导学生自己思考问题，自己去发现和矫正错误的心理状态，有利于改变一味灌输的教学模式，打破沉闷的课堂气氛，提高教学效率，也体现了知行一致的原则。

---

① 由广西壮族自治区梧州市小学施浩强老师整理。选自继教网2012年“国培”学员作业。

小品导入：能让学生身临其境，感同身受，能抓住学生的心思，吸引学生眼球，引导学生思索，展开课堂教学。教师在课前做好组织安排，表演者做好准备，往往能收到意想不到的效果。

游戏导入：喜欢游戏是儿童的天性，游戏可以激发和培养学生的兴趣。我国著名教育家陈鹤琴先生说过："小孩子生性是好玩的，是以游戏为生命的。"实践也证明游戏活动可以调动学生学习的积极性。所以教学中可以借助简单的游戏入手，这种导入生动活泼，突出了学生的直接感受，学生在兴奋的情绪中，主体性得到最大限度的发挥，从而会主动积极地思维和理解新知识。

谈话导入：谈话，以平等交流、易于接受的特点被孩子们所喜欢，而教师有目的的引导性谈话直接在新课与学生认知结构建立联系，以引起学生的有意注意，产生学习动力。教师简捷、明快地讲述或设问，是直接导入成功的关键。

影视导入：历史题材的电影、电视虽有虚构，但主体是符合历史真实的，其中有不少与历史知识相关的情节，在导入新课中适当地运用，能烘托课堂气氛，引起学生的共鸣。

2. 基于自由表现的教学活动

如今盛行用某某模式推进教学改革，但在运用方面未必得当。第一，一旦某种模式受到热捧，大家就一窝蜂地学习和效仿，不顾自身条件，更不顾及理论基础。有的"教学模式"只是某地特殊条件下的特产，却被奉为经典模式，把宣传当成了科学，各地削足适履的做法并不能获得预期效果。第二，教学模式的核心是创设一种环境。美国学者甚至认为：教学模式就是学习模式。即创造有利于学生互相影响、学会如何学习的环境。所以，《课程标准》提倡的自主性学习、合作性学习、探究性学习、体验性学习和问题解决学习等本身也是教学模式。它们既有比较成熟的教学设计和组织的理论，又是对教学经验的一种系统的概括。没有必要刻意为了创新教学模式另搞一套。第三，最可怕的是用行政命令的办法推行某一种"教学模式"。道理很简单，这样做会扼杀教师的创造性。事实也证明，"一管(理)就死"的原因在于，那只是推广了一种概念，而与营造学习环境关系不大。比如，要求一节课只能讲10分钟，过了10分钟就不合格；有的教师把课堂全部交给了学生，受到赞扬，孰不知，他根本没有能力上这门课。因此，有效的品德与社会教学理应依据《课程标准》的要求，以学生的实际生活为基础，多开展自由的表现性活动，至于采用何种模式、何种设计、何种方法，则是观念层面的问题，它们若不能促进学生的进步和发展，就都是纸上谈兵。

学生的进步和发展必须有所表现。在品德与社会教学中，构建各种学习活动的价值，一方面，在于扩展和丰富学习主题的意义；另一方面，就是活跃学生的表现。因为教学活动的目的，最终还是要知道学生从中学到了什么。判断学生表现得究竟如何，基本的原则是看其是否真实、可信。所以在设计有创建性的活动时，教师必须确信这些活动：(1)与课程目标是一致的；(2)具有澄清或扩展重要概念含义的作用；(3)有助于学生认真思考或制订学习活动计划；(4)能够准确地陈述事实；

(5)在学生的能力范围之内，既有一定的挑战性，又不至于不能完成；(6)所消耗的时间和精力是值得的；(7)所需要的资源有助于学生发展相关技能。

案例指引四：怎样与人相处

教学目标：通过游戏、对话、短剧的活动方式，帮助学生认识到同学之间该怎样和睦相处，懂得与别人交往，将心比心非常重要，它可以使自己快乐。

教学准备：收集有关游戏，排练短剧；捕捉典型事例；准备相关的设备。

设计理念：重视课程与学生生活世界的联系。让学生进一步了解身边的同学，换位思考，增进友谊；赞赏别人，体会负责任、有爱心的角色，内化道德品质。

活动过程：角色换位

1. 引入：同学在相处中难免会有一些摩擦，这个时候该怎么办好呢？且看以下的短剧。两个同学进到教室坐下来，坐在后面的同学个子高，把自己的桌子往前推，前面的同学比较胖，不干了，就把桌子往后顶，结果两人争执起来。

2. 深入话题：短剧到这里暂停一下，两个表演定格。教师提出问题："遇到这种情况，如果是你该怎么办?"让学生们思考一会儿，再继续表演。结果，上课铃响了，任课教师进了教室，两位只好暂停，将就着坐在自己位子上，都不高兴，还时常有些小动作。

3. 自由讨论：短剧演完了，结果大家也知道了。教师问："大家看，问题解决了吗？解决的怎么样？下面我们自由讨论，老师做个主持人，你们实话实说。我先提两个建议：一定要清晰地表达你的理由。比如，你觉得问题已经解决，为什么？没有解决，为什么？还有很多可能，很多理由，一会儿讨论起来，我想你们会很踊跃。当然，老师要控制你们的发言时间，不能长，因为我们想听更多同学的见解；重复理由也不会再给机会哦。老师特别愿意看到，用短剧的方式表演，就像前面三个同学一样。好了，讨论开始吧。"

二、面对生活世界

(一)知道应有的知识来源

美国《社会课程标准》对社会科课程的内容来源做了一个形象比喻，说它好比一个管弦乐队要演奏一首特定的曲目(某个年级或某个特定的学科)，在某一个时段，某种乐器(一门课程，如历史)为领奏，而其他的(例如地理、经济学)则为伴奏；而在另一个时段，则是某些乐器(如地理、经济学)或所有乐器合奏，在发挥同等作用的基础上，共同揭示作曲家的创作意图。演奏效果取决于作曲家的创作(社会科课程的设计)、各种乐器的独特音色(各个学科的贡献)、配套的音响(课程设计者和教师的专业水平，学校条件以及教学资源)，以及音乐家和乐队指挥(学生、教师、大纲制定者以及实施者)的技巧。[①] 这个比喻同样适用于品德与社会。其中，地理、历史、社会和道德常识居于核心位置。鉴于相关的介绍已经较多，本节内容只做提纲挈领地说明。

1. 从学科角度看

(1)地理和历史。在品德教育方面，地理和历史是爱国教育、国情教育的支柱内容。说到它们的意义，一是关乎人的基本教养，有知识、有文化，不能没有基本的地理和历史常识；二是关乎人的自由行动，特别是在全球化、信息化背景下，地理意识、历史意识是人类交往的必备条件；三是人在社会中定位脱离不了时空两个基本维度。

地理教学需要掌握丰富的地理知识，包括记忆地理术语。比如，涉及自然地理中水资源、矿物资源、气候条件、土地、植被等。正是人们对其生活世界的强烈兴趣，以及想弄明白所生活环境秘密的渴望，才导致了地理科学的发展。地理知识的必要性，源于人类活动自身，它最为核心的部分是描述或解释人地关系。说得严谨一些，地理知识揭示人地之间在空间的交互作用。品德与社会主要从地图开始学习地理，包括建立方位、地点等空间意识；理解地区或区域特征以及人类活动中习俗、观念、文化等受地理因素而产生的差异。在教学中，教师需要帮助学生做到：学会辨别方向；能够利用地图；了解不同地区人们的生活差异；知道地理环境对地区经济、文化的影响；理解友好环境的重要意义；能够敬畏自然等。为了使地理教学更为严谨、科学，教师应尽可能熟练地掌握地球仪、地图和相关电子设备等工具；为了地理教学更加有效，适宜采用现场制作图表等直观显示学习成果的方式来学习。

案例指引五：它们是怎么来的

一、头脑风暴。集体列举本地区大家熟悉的地名，教师也可以加进自己选定的地名。

二、标定位置。采用小组学习，分发给各组事先准备的本地地图(地图的复杂程度最好与教学要求相吻合，对学生应有一定的挑战)，将前面提到的地名，标注在地图上，并为地名分类。

三、探究缘由。在分类的地名中，选择一个小组同学最感兴趣的地名进行起源探究，并记录它所涉及人物或事件等。

这个活动利用网络很容易实现。还可以根据学生的实际情况拓展学习内容。比如，将地名与历史、文化联系起来。

历史教育对公民教育有着特殊贡献。首先，历史是培养爱国心不可或缺的知识。增强学生对祖国历史文化的忠诚感，需要他们认清自己的历史背景。其次，作为一个重要的知识类型，历史可以帮助学生澄清各种思想观念的、社会文化方面的

① 美国国家社会科协会研制．高峡，杨莉娟等译．美国国家社会科课程标准．北京：教育科学出版社，2008：3.

问题。可以说，不借助历史知识和历史视角，没有谁可以对自己的人生在这个世界上准确定位，人们在生活中遇到的很多问题也无法解决。

历史教学有记忆的问题，但在品德与社会教学中这不是重要的部分。让学生了解历史材料的重要性、知道年代的价值、掌握基本的历史学习技巧才是目标。要知道，历史教学具有巨大的兴趣潜能。在历史教育越来越多地将社会史内容引入课程后，历史的教学内容与普通人的社会生活联系了起来，包括不同时期的儿童生活以及更为广泛的日常生活。

与地理学习一样，历史学习强调调查探究的学习价值。它要求更灵便的教学方式以及更切实地利用社区和博物馆等传统资源。比如，去做访谈和口述史。就是利用录像、录音设备，通过访谈亲自参与历史资料的搜集。学习对象可以是家属，可以是学校的校长和老师，可以是其他社会人士。在这个过程中，学生将在如何问问题、如何设计问题顺序、如何准备采访、如何整理采访记录、如何编辑采访内容等得到很好的训练。这些问题或许有些近似，但对锻炼学生缜密的思维很有帮助。另外，通过这样的学习活动，学生也将更真实感受社会，并领略与人交流时技能的魅力。

当然，这样的学习活动，需要在学前和事后做大量的工作，而且教师或家长往往帮不上什么忙，所以学生能够很有创造性地工作。为了启发学生多方面、多角度查找资源，更为了达到一种启发作用，教师可以多利用图片、照片和影像作品做示范，以便于学生正确的模仿和使用。

在多数情况下，教师主要依据教科书讲授历史，但在方法上需要创新，能够借助多学科的知识学习历史时，就不要放过尝试的机会，因为那样可以帮助教师获得更好的教学效果。

案例指引六：传递文明的纸①

问题1：如果一根竹简上能够写10个字，那么东方朔写给汉武帝的那封信大概有多少字？(教科书上的图画。学生思考)

问题2：如果用教科书那么大的一张纸来写，每页纸写1500个字，大约需要多少张纸？

生：20页纸。(齐答)

师：大家想一想，20页纸和3000根竹简，它们的重量是多么悬殊啊！再看看，汉武帝是怎么看到那封信呢？

生：三个小伙子抬进去的。

师：是啊！我们再进一步算一算。我们使用的《品德与社会》教科书共有多少字？(指示学生看五年级上册版权页)

生：13万8千字。

师：如果用竹简书写，大约需要多少根？

① 执教者为天津市和平区万金小学徐雷老师。

生：1 万 8 千根。

师：好的，估算一下自己书包中的所有的书，按 20 本算吧。如果用竹简书写，大约用多少根？

生：27 万 6 千根。（学生很吃惊）

师：将近 28 万根，这是一个很大的数字。（中略）老师按照古书记载，做了一根竹简，它大约重 0.05 千克。我们每人上学要背 20 本书的话，把它换算成竹简的重量，有多重呢？（演示 PPT：书包——20 本书——竹简/13.8 吨重。如果用一辆 4 吨的卡车运，可以装 4 辆车）

生：哇噻！

师：如果是这样的话，我们上学就不能再唱“小啊小二郎背着书包上学堂了——”而要唱“小啊小二郎开着大卡车上学堂——”（学生一边跟着唱，一边开心地笑着）。

师：可见中国人发明的纸，对人类文明的贡献有多么大啊！

(2)政治与法律。《课程标准》指出：“课程内容有机融合品德和规则教育，爱国主义、集体主义和社会主义教育，历史与文化、国情教育，地理和环境教育，生命与安全教育，民族团结教育等”。其中，除历史与文化、地理和环境教育外，皆与政治、法律相关。当然，品德与社会课程中涉及的政治内容和社会课有着明显的区别，它更侧重于品德，而非政治学中对政府角色、功能和组织、对公民的权利与义务、对公民行为的政治进程等方面的认识。

不过，品德与社会本身设计的社会环境、社会活动和社会关系，事实上关联到社会秩序、社会核心价值观和社会组织的功能等政治内容。特别是品德与社会教学把社会参与作为达成有效教学的途径，而社会参与确实是学生内化与社会政治体制相一致的价值观、信仰和态度的手段。因此，教师在关注学生品德形成的同时，已经在进行一定的政治教育，如情感、态度和价值观课程目标所确定的内容。

任何国家都希望通过学校课程培养学生的政治观点，无论是叫社会课，还是叫“思品课”，或是其他什么名称。过去，“思品课”的要求过高，而且内容空洞、方法僵化，所以效果不理想。现在，着眼于常规的品行教育，并把它放在儿童生活基础上，以增强教育的针对性、实效性和主动性。比如，在小学强调建立规则意识。让学生认识到建立规则，是让每个人都受到公平的对待。从教室规则、学校规则、游戏规则中，他们体验到规则的作用；从社会规则中，他们还能了解到法律的作用。社会生活需要由秩序来维护，由规则或法律维护的秩序，目的是使人们的生活有保障而不是受限制。规则与法律的区别是法律比规则更具有约束力。

懂法、守法是公民的义务。品德与社会有显性的法的教育，但更多情况下是渗透性的，这主要是考虑到学生的年龄特点。也就是说，品德与社会教学有着比较宽泛的法的教育内容。比如，涉及权利和义务、公正和公平、平等和责任的内容，会通过不拆看别人的书信、不破坏公共图书和设备、不在公共场所大声喧哗、远离毒品和不健康的生活方式等教学情境来学习。

案例指引七：诚信的价值[①]

活动一：创设情境，理解“诚信”

游戏活动：1. 日常生活中的游戏拉钩；2. 打电话中使用的成语。

教师设问：为什么“拉钩上吊，一百年不变”这样口口相传的游戏流行至今？为什么“一诺千金”“一言九鼎”这样的语言能成为成语，经久不衰？

学生活动：思考、交流。

活动二：自读故事(立木为信)，讨论明理

(3)经济与社会。今天的人们离不开经济生活，以至于了解社会、适应社会，在很多情况下等于了解经济和适应经济社会的发展。所以，品德与社会有着较多的经济学习内容。从识别商品到了解工、农业发展，如果再把经济生活与社会生活、个人生活联系起来看，涉及内容则更为广泛。总之，现代社会生活已经成为一个生产、分配、交换和消费的互联网，这个过程不再是经济领域的特有现象。

经济与社会学习中最核心的概念是理解需求。诸如，需求是生产乃至创造的动力；人们的需求是无限的，但自然界可以满足人们的需求资源是有限的；交换和贸易体现和满足人们的需求，事实上，世界各地的人们为此相互依赖；需求内在地反映人的利益，经济活动和经济社会中，混杂着公共和私人的利益。

有些基本概念是要在小学阶段就确立的，如生产、分配、交换和消费。比如，通过考察自己家庭和社区超市的相互依赖方式，既了解了消费常识，又与职业的需要联系起来；比较传统工业和现代工业，能够发现科技在其中的重要作用；探究某种商品的价格，可以认识比较系统的商品流通环节；研究一则广告，能够了解商业促销的秘密；利用角色扮演方式，可以尝试做个聪明的消费者。

触及社会方面的内容很多，“品德与社会”这个课程名称本身已经说明了问题。需要注意的是，《课程标准》所综合的社会环境、社会活动、社会关系可以涵盖很宽泛的社会科学，如社会组织、社会结构、社会群体、社会机构和社会文化等。但是，小学阶段的课程根据不能包括这么多东西，事实上也不需要。那么，由什么来限定这些范围呢？还是学生的实际生活。再具体些说，品德与社会更强调社会的群体性、多样性和真实性，因为这也是学生生活的主要特征，是学生自己能够理解的社会生活。做到了这一点，学生就容易通过教学关注集体生活，形成社会角色意识，学会做选择，培养自我概念，知道群体压力对自己的影响，进而形成追随能力或领导能力。

在品德与社会教学中，认识社会、参与社会和适应社会的目标，与品德教育密不可分。有时候是放在道德观或价值观的认同体系完成的，有时候是通过认识社会环境对个人发展的影响来实现的。因此，它不回避一定的社会问题，而且还鼓励教师在有把握的情况下，引入适当的社会问题。一方面，是有效教学需要借助真实的社会事例；另一方面，也是培养学生的思考能力的需要。

---

① 执教者为甘肃省兰州市安宁区崔家庄小学龚国林老师。

2. 从课程视野看

(1)儿童权利是当代人类文明的标志性成就。尊重儿童权利是品德与社会教学的基石，也是所有内容来源的基础。按照 1990 年 9 月生效的《儿童权利公约》的规定，儿童权利的最高原则是：最大利益；无歧视；尊重所有儿童。①

为什么要在课程中强调儿童权利呢？第一，转变传统的品德教育针对性不强、主动性不够、实效性差的问题，必须突出课程的儿童主体性原则。这个主体性在本质上关涉儿童权利。第二，儿童的品德教育，从学科本位或知识本位转变为以儿童生活为基础，如何才能做到位，须引申至课程理论与行动指南，依然需要加深对儿童权利的认识。第三，帮助学生参与社会、学会做人的课程价值取向，内在地包含了儿童是如何学习的，以及道德发展过程的逻辑线索。儿童权利，既是课程的逻辑起点，也是课程的价值归宿。抑或说，我们欲解决谁学习的问题，就需要了解儿童有欲望学习什么，以及如何学习的问题，由此确立的儿童主体观，必然地与儿童权利相关联；我们欲将儿童的主体地位与儿童的自我经验结合起来时，关乎品德发展的教学就一定是以儿童生活为基础、以儿童体验为准绳，品德不仅存在于生活——因自然真实而内容生动，品德亦可以创造——因自由思考而行为自律。其中抽去了对儿童的尊重，品德发展将无所依托。

认识儿童权利的基本意义和课程内涵。每一个儿童都是自己权利的持有人。儿童的权利并不来源于或依赖于他们的父母或任何成年人。“关注每一个学生的成长，注重学生生活的价值”，意味着我们必须把儿童看成是受尊重的个体和社会的公民。成年人对于儿童的期望，理应建立在为儿童福利的基础上，包括创造良好的环境和机会，以及用引导或指导的方式加以自然的感化。

“100 个儿童就是 100 个独立的个体，是 100 个人，而不仅仅是未成年人，不仅仅是将来的人，而是确确实实的、现在的、今天的人。”②相反，我们习惯地认为，儿童是我们的未来。所以，未来的成年人必须由今天的成年人来规划。成年前期的儿童生活，因为几乎不产生政治的、经济的和文化的显性成果，也就没有什么价值。儿童的生活、学习乃至乐趣，因为都是消费性的，自然也不鼓励儿童为了当下的生活而喜乐，为了未来的目标(由成人确定)去生活和学习是理所当然的。于是，成年人在谈论儿童发展时，总是以忽视儿童当下生活、幸福为前提。成年人已经剥夺了儿童的权利，却冠冕堂皇地说全是为了他或她的未来。因为未来，儿童的快乐、幸福、纯真、童趣等，都可能是奢侈的，唯有吃得苦中苦，才能获得甜中甜。最糟糕的传统说教是，吃得苦中苦，方做人上人。

从更深层的角度看，只有保障儿童权利，儿童的品德、智力、体质等关乎素质教育的方面才能发展，儿童成长的社会环境才有可能优化，儿童生活的价值才可以

① 本节内容为了在陈述上始终与《儿童权利公约》一致，主题词是“儿童”，会与本书其他章节的主题词“学生”有些不搭之感。实际上，二者并无区别。

② “人的安全网络”组织编写．人权教育手册．北京：三联书店，2005：289.

彰显。如果我们真的坚信“孩子是我们的未来”的话，而且这个未来是健全的，我们就没有理由不尊重未来。特别是当我们的确认识到这个未来不是单指你自己而是包括社会全体时，就需要为美好未来——从今天的儿童生活开始——开放更自由的空间。

认识社会、参与社会、适应社会的能力是公民素养的具体内容，品德与社会理应通过恰当的教学内容和适宜的活动方式加以落实。不能夯实这些能力，学生的品德教育便永远悬在空中。

所谓教育权，最通俗的解释就是“增强能力的权利”。剥夺或侵犯教育权，就是破坏一个人充分发展其人格、支持或保护自己及其家人，破坏其充分参与社会、政治和经济生活的能力。所以，自1924年《日内瓦宣言》开始，“增强能力”的教育权逐渐被普遍承认。到1966年联合国通过《经济、社会和文化权利国际公约》，教育权被具体确定为“五个标准”和“四个要素”。其中，“五个标准”的第1条是“免费和义务的小学教育”；第3条是“对未完成小学教育的人提供基础教育”。“四个要素”则是：

第一，可获得性：国家提供免费、义务的小学教育是实现教育权的前提条件。

第二，可利用性：政府至少有义务通过保证所有儿童，在平等和非歧视原则的基础上利用现有的教育机构，实现教育权。

第三，可接受性：国家有义务确保所有学校遵守其制定的最低标准，确定有关教育对父母和孩子均是可接受的。

第四，适应性：孩子在学校所学的内容应当取决于他或她成人后的需要。这意味着教育体制应当不断地与时俱进，充分考虑孩子的利用以及国家和世界的发展与进步。

我国《宪法》第四十六条规定：“国家培养青年、少年、儿童在品德、智力、体质等方面全面发展。”《义务教育法》第二条规定：“义务教育是国家统一实施的所有适龄儿童、少年必须接受的教育，是国家必须予以保障的公益性事业。实施义务教育，不收学费、杂费。国家建立义务教育经费保障机制，保证义务教育制度实施。”此外，《课程标准》也有所反映。

为什么一提到德育就是要教育别人，并使其脱离了生活才能育化为高尚？为什么我们就那么看不得儿童的天真，且不相信他或她有参与社会生活的能力？一是长期的内容主义教育方式，让我们不习惯深究问题的本质，只看到教了什么内容，而不会深究其中的道理；二是相信服从主义的教育原则，让我们对相关法律相当的麻痹，只晓得上面让我做什么，即使满肚子的委屈也会奉承“存在即合理”的教条。其结果是，儿童认识社会、参与社会、适应社会，既缺乏显性的德育符号，又难觅系统的德育认知载体。于是乎，我们直观上排斥品德课程，即那是宣传不是教育。

传统的品德课程是由情感主宰的，情感的全部课程基础又是道德知识。所以看上去就别扭，逻辑上也说不通。上述所有标准、要素和法规，也因只在概念而不是观念上产生作用，教育的实效性就是必然的。品德教育或品德课程不存在“增强能力的权利"理念也毫不奇怪。

解放儿童，就是延续人类和谐发展的期望。"关于儿童的一切行动，不论是由公私社会福利机构、法院、行政当局或立法机构执行，均应以儿童的最大利益为一种首要考虑。"[①]此后，儿童的赋权与保护、参与和供养以及不歧视儿童，都是儿童利益优先的前提。其实，将儿童权利与利益提到如此高的程度，是20世纪70年代，从抚育儿童成长的新教育观念和模式转变到"儿童解放运动"的结果。人们更加强调儿童的脆弱性和需要保护的观点，进而更加关注儿童的自主权、自我决策和参与，并使从传统的家长作风和把孩子仅仅作为父母控制的对象的观念中解放出来。寻着这样的思路，到80年代，由联合国大会将儿童权利由有约束力的法律文件固定下来，即1989年11月20日通过的《儿童权利公约》。《公约》确定了参与、保护(防止任何形式的伤害、虐待等)、提供(保障儿童的休息、闲暇、玩耍和文化娱乐)等"三原则"。

那么，如何确保儿童权利能够在义务教育中获得实施，促使义务教育成为解放儿童而非束缚儿童的法律保证呢？首先，我们必须知道儿童权利也是人权，是任何人都应当予以尊重的权利。其次，关注儿童权利，其焦点不是个别儿童，更非特权儿童，而是社会中的儿童群体。再次，儿童的权利是综合性的权利，其生存权、发展权、教育权、娱乐权等，相互之间是有内在联系的。比如，没有足够的生活水平，就谈不上享受教育权利。最后，儿童权利是对儿童的赋权，根据儿童既是权利的客体，又是权利的主体的原则，儿童需要一种新的内部作用的文化。

教师一切从尊重儿童开始，也最终由尊重儿童达成课程的教育目的。没有对儿童的尊重就谈不上有效实施品德与社会。当然，如何做到尊重儿童，尊重儿童什么，则是由儿童权利制约和体现的。

案例指引八：关爱"差生"[②]

提到差生，我们做老师的大多数是头疼，由于受传统教育观的影响，对优等生疼爱有加，即使他们犯了错误也被老师认为是"微不足道"，如果是差生犯了错误，迎来的大多数是大发雷霆，劈头盖脸地被批评，然后再连同他平时的"劣迹"一起教育，这样的老师缺少了对"差生"的爱。

教师不仅要关注甚至要偏爱进步慢、学习不太好的"差生"。因为这些孩子有一个共同的特点，一般缺少关怀、友谊和尊重。所以老师一定要做到事事处处都不能伤害到学生的人格尊严，而应向这些孩子伸出温暖的手，在他们需要帮助时热忱地关爱他们，尊重他们，使他们感到学校、集体的温暖，从而使他们萌发希望，增强自信心。

---

① 赵亚夫，高峡主编．品德与社会：教学基本概念解读．北京：教育科学出版社，2007：225.

② 摘自贵州省石阡县河坝小学毛娅芬老师的教育日志。来源继教网2012年"国培"简报。

案例指引九：用爱滋润他们的心[①]

我们班里有三十多个学生，留守儿童就占一半，父母离异的也有。有这么一个学生，学习成绩一般，她从小就和爷爷、奶奶在一起，爸爸妈妈逢年过节都很少回家。有一次她的父母亲突然回来了，住下几天，就走了。之后，她情绪低落，成绩一落千丈，我找到她，通过谈话，得知原因，于是我安慰她，跟他讲讲父母外出打工的辛苦。一个星期后，她的情绪有所转变。不久，中秋节到了，她的情绪再一次低落，她还在日记中写道：今天是中秋节，别人家的孩子都吃上了月饼、肉，而我家却什么都没有买。晚上我坐在床边看着透过窗子的月光，想起了我的父母，不知在远方的他们是否吃上月饼。批了她的日记，我的心里酸酸的。放学后，我给她塞了几个月饼，她的脸上露出了一丝甜甜的微笑，还说："谢谢，老师。"教师节，她亲手给我做了一张贺卡，上面写着：老师，祝你节日快乐，是你让我感到家庭的温暖，我会努力学习的。

(2)全球视野。品德与社会课程目标用"开放的国际视野"一词，也就是全球视野。虽然全球视野不是品德与社会课独有的内容，而是贯通于整个的义务教育课程，但是品德与社会无疑具有独特的贡献。其一，学生所面对的社会实际已是一个全球化的世界，即便相对落后地区，也被互联网覆盖，利用一部手机便可以实现跨越。其二，全球化既可给人们带来各种各样的惊喜，改变着人们的生活方式，同样也充满着危险和争端。和平与发展的时代主题，需要人们以更大胸怀、视野和技巧处理共同的问题。无疑，全球视野对于中华民族的复兴也至关重要。其三，全球视野有助于创设更有效的教学计划和方法，有助于学生更有创意地学习。其四，用全球视野更容易理解，诸如人类相互依赖、世界和平、环境保护、共同利益和愿望等问题。

互联网为增进学生的全球视野，特别为传统的地理、历史学习提供了很多打开眼界的机会。比如，利用互联网资源建构自己对某一历史事件的解释；收集资料介绍我国的"维和"行动；还可以开展专门的全球视野活动，比如，编辑不同国家的儿童最喜欢的读物或游戏书；邀请有出国和在国外生活过的同学、家长讲述生活趣闻和经历；利用角色扮演模拟世界发生的重要事件；收集世界其他国家的国歌、国花、国旗，或者神话、童话和故事等。

案例指引十：新闻综述

小组学习：(1)让学生收集一定时间内的新闻报道(一周或两周)；(2)讨论这期间值得关注的事情，如果有冲突性的事件，可以作为讨论的中心议题；(3)结合地理和历史学习，如使用地图和年表，细化讨论的内容；(4)让学生根据讨论结果和已掌握的资料，制作一个新闻综述的录像带。

为了使活动更有趣，并增加现场感，学生模拟"实地"调查，再在这个基础上进

① 摘自贵州省黔东南苗族侗族自治州凯里市经济开发区铜鼓小学李兴桃老师的教育日志。来源继教网 2012 年"国培"简报。

行讨论和制作。注意：要给学生留出充足的准备时间。

全班展示与评价：展示小组活动成果，向全班清晰描述事件的种类、原因、过程和结果以及小组作品的思路，阐释主要观点，回答同学们的提问。最后，选出大家最满意的作品。

(3)环境保护。该内容涉猎非常广泛，角度也很多。比如，能量与环境关系，联系到空气和水的污染问题，由此还涉及人的健康问题，引申说，还包括科技、社会乃至政治问题。总之，每一个环境保护主题其实都是综合性的问题。

环境保护主题课的一些主要的教学要点列举如下：很多严重的环境问题是人为导致的；环境问题不是一个单一性区域问题，而是人类需要共同面对的问题；解决环境问题需要可持续发展的观念，友好环境符合人类的共同利益；地球有自己的生态维持系统，人类行为应努力使之平衡，而不是破坏这个生态系统，包括食物链；为了适应生存环境，生命必须有适当的空间要求；人类生活的质量取决于自然环境；人口过度增加，将给人类社会带来灾难性后果；废物处理是现代社会的难题，人类应该学会自控；环境问题就是人类的生存问题。

(二)创设情境的意义

创设情境是教师的一项常规工作，也是教师有效教学的一个重要因素。过去讲教学法，在导入阶段就用了不少的类似方法，如编制故事、引入情节等。不过，那时没有“情境”的概念，也不把“学生已经知道了什么”作为设计前提。所以，还不具备情境教学的条件。现在普遍要求教师有创设情境的能力，并尽可能用情境所营造的情感氛围，帮助学生建构新知识、新问题，促成新技能、新认识的衍生。这样的话，用于教学的情境，一定由教师精心选择和设计，既要充分启动学生的情感和已有的经验，又要悬置问题，使学生乐意投入探究活动。因此，教学情境或情境教学，都具有生活化、形象性、问题性、情感性和学科性的特征。用一句话概括，创设作用于学生主体，能够产生一定情感反应的学习环境，就叫“情境”。

1. 为什么要创设情境

(1)情境有助于学生获得情感体验。所谓激发情感，目的是为学生提供一个良好的情绪背景，使他们更主动地进行学习。情境于情感的关系，表面看是气氛和场景，内在的是引导学生形成共鸣。它也是情感体验的开始，便于教师以情施教、以理入心。(2)情境可以加深学生对问题的认识和理解。在教学中，情境可以让学生直接感知事物或现象，容易实现换位、对话、共享、多元等多种观念，不再限于简单的对或不对的判断；教师通过有目的地设置疑问，借问题情境启迪学生，引发学生认知冲突，唤起学生的思考。关注情境设计，也促使教师多想让课堂“活”起来的办法，实际作用于学习环境的改善。(3)情境能够引导学生主动参与。教学如果没有体验，对品德的理解或许不能透彻。情境提供了体验和应用知识和技能的机会，既有助于活化课堂教学，又促进了课内向课外的迁移，使学生在参与中学习、在参与中获得发展。(4)情境易于激发学生的学习兴趣。由好奇心点燃兴趣的火把是创设情境的目标之一。情境引导学生产生观察、操作、猜想、推理和交流的兴趣，并因此发生进一步地探究问题、解决问题的意愿。

创设情境的目的在于反映生活实际问题和现象，以便将学生的知识、技能、体验联系起来，让生活走进课堂，也将课堂引向生活。所谓教师的千言万语，抵不过学生亲身体验到的点点滴滴，道理也在于此。

案例指引十一：利用多媒体课件创设情境①

1. 视频情境。无论是记录历史，还是反映现实的视频资料片，只要是与教学内容有关的，都应该精心挑选并珍藏，以便创设教学情境使用。比如，《黄河》《长江》《北京奥运会》的视频资料，可以用于“长江、黄河”“我们都是龙的传人”等主题的情境创设。

2. 时事情境。因为是刚刚发生的事，所以学生比较熟悉，他们关注度高，能够积极参与学习。比如，“神舟”六号发射成功，第二天的品德与社会课我就把这些新闻素材做成课件，创设出时事情境。（中略）

3. 问题情境。人对问题的解决总是从问题开始。比如，在上《劳动靠自己的双手》一课时，我用《西游记》动画片的主题曲导入，再由故事中的人物引申课题，营造了浓厚的学习氛围。（中略）

4. 感悟式情境。调动学生的积极性，创设学生参与、感悟体验的情境。比如，在《和睦相处》一课，我制作了几个学生开心玩游戏的动画，将课文内容用声、形、色、动的形象直接作用于学生的感官，再从中讨论道理。

5. 动漫情境。借鉴《大耳朵图图》《大头儿子和小头爸爸》等游戏作品幽默搞笑、发人深省的特点，制作“我们的地球”的动漫教学片。

6. 音乐情境。音乐是充满节奏和旋律的语言，很有感染力。我通过《五十六个民族五十六朵花》，将学生引入学习主题。

2. 运用情境教学

情境能够激发、保持、提高学生的学习兴趣，使他们积极地参与教学过程，并缩短教学内容与学生实际经验、接受能力之间的距离，降低教学难度，便于学生准确、快捷地感知、理解、运用教学内容。对于提高教学效率、培养学生的独立思考能力，也具有积极意义。有经验的教师善于选用一下子就能抓住学生的情境，一是学生熟悉它，在他们的个人经历中找得到或有着相似特征、可以理解的事情；二是情境本身有吸引力，是有趣的、生活化的、能够触动情感的。其实，这也是运用情境进行教学的基本方法，即把生活世界与科学世界联系起来。

创设情境要关联学生的实际生活，除了学生生活本身就是情境的资源以外，还在于品德教育也不能脱离生活与事实。道德寓于整个的学生生活，学生的品德形成源于他们对生活的体验、认识、感悟与行动。甚至可以说，只有源于学生生活的真实的道德冲突事迹，才能引发他们内心对道德情感、道德认知和道德行为的渴望。

---

① 孙君杰．运用多媒体课件进行小学品德与社会教学情景的创设．中国校园导刊，2012(4)。

理论上说，在情境的作用下，学生的情感会经历“关注”“激起”“移情”“加深”“弥散”等环节，最终渗透到他们内心世界的各个方面，作为相对稳定的情感态度、价值取向逐渐内化。因此，好的情境设计应该具有愉快、逼真、和谐、富于启迪认知特征，能够有助于学生自我建构意义。所以，有价值的教学情境一定内含有价值的问题，它要能引发学生的思考。这些问题需要目的明确、难易适度、形式新颖。

还需要强调的是，教学情境是为了学生主动、积极地进行认知建构而创设的学习环境，既要充分地考虑学生的接受能力，也要富有挑战性。《课程标准》的建议是：“学生的生活经验是良好品德形成和社会性发展的基础。教师首先应根据学生已有的经验设计教学，同时要通过多样化的教学活动丰富和提升学生的生活经验，加深他们对社会的认识。”“教学前，教师应对学生的生活环境、家庭背景有所了解，并通过观察、聊天等调查学生已有的生活经验，根据学生现实生活中存在的问题和需要，创设真实的生活情境，提供多样化的生活体验和社会实践机会。”显然，有效的教学情境，一是指教师对学情的充分认识和恰当地运用教学技能；二是指学生接受、感受、表达乃至内化的实际表现。技能服务于表现，表现是技能的发挥。

案例指引十二：说说我们的学校①

1. 创设情境：招聘向导

谈话：同学们，最近学校要举行一项活动——招聘小向导，为新入学的一年级小同学以及外来的客人介绍我们的学校，这将是一份非常荣耀的任务。每个同学都可以报名。但是，要有个选拔，看看谁更了解我们的学校。下面请大家挑战自己吧！

第一轮：学校的风采。(内容略)

第二轮：自我展示。学生选取自己最擅长的方式，要真诚地介绍学校。

根据大家的表现，推选出向导。

2. 现场模拟：选出向导(可以选不同风格的向导)后，要看看他们能不能胜任这个任务。模拟为一年级小同学、其他外来参观者介绍学校的场景。(以小组为团队策划介绍内容)

三、由感知到体悟

(一)40 分钟能做什么

称职的教师把每个 40 分钟，都看作是自己和学生人生中一段重要的经历，具有生命意义。对学生而言，课堂教学是学习的主要途径，它的质量，直接影响学生当前及今后的多方面发展和成长；对教师而言，课堂教学质量直接体现教师的教学水平和教学能力。

---

① 执教者为云南省楚雄开发区实验小学张纬老师。

通常所说的备课，就是针对40分钟的教学做整体思考并准备合理设计。现在流行教学设计。备课就是备课标、备内容、备学生、备目标、备活动、备评价，着眼点在教学方案本身。教学设计尽管也涉及这些内容，但是设计的着眼点是营造学习环境。备课的重点是教学内容或干脆说就是教科书内容，其主要流程是“目标——内容——评价”，落脚点是要学生学到什么；教学设计的重点是学习环境，其主要流程是“问题——探究——意义”，落脚点是学生能做什么。也就是说，即使还用“备课”这个词，也需要更换它的内涵。

在“备课”环境中，还容易出现机械备课和过度备课现象。比如，过于依赖教科书内容，教学等于教教科书内容；过度使用活动、方法、材料和资源，把课上得很花哨，实际上40分钟根本容不下这么多的内容，甚至出现“满堂跑”“满堂乱”的现象或滥用评价，等等。

有些教师强调有效教学时，只看“有效率、有效果、有效益”。其实，追求有效教学不能单一使用“三效”标准。比如说，“有效率”，就是少投入多回报。教师的投入是找资料、备教材，回报是上课少出错；学生的投入是围绕教科书内容查阅资料、准备作业，课堂上积极活动。“有效果”，核心是落实教科书教学内容。因为教学目标“预期”达成的效果从教科书学到的东西，所以“活动结果与预期教学目标的吻合程度”，或许有较高的联络度，但是学习“活动”可能是假象，即学习成果与它实际没有什么关系。通过课堂教学观察，有经验的教师很容易说破这一点。“有效益”，是学习的收益。短期效益表现为学生当下对学习内容掌握和能做出积极反应；长期效益表现为学习内容已对学生发展产生良好影响。前者通过随机调查、现场提问以及活动性表现得到回馈，但不一定保真；后者有赖于个人自觉，并不能通过单方面测试获得结果。也就是说，“三效”在操作上是可以被偷换概念的。

比如，一位迷信考试权威的教师，他说自己的教学最有效：(1)目标非常明确。让学生再把书吃透，背下来，甚至可以倒背如流；此外，大量做题，一切教学围绕着习题训练。其理念是：“你现在把学生当人，他以后就做不成人。”结果很多人考上重点中学，效率甚高。(2)与为考而教的目标相吻合的学习方法很多，甚至教师可以不讲课，只要摆正了教学的中心是满足学生升学的需要，每节课都可以是习题课。与过去不同的是，由教师讲给学生，转变为由学生讲给学生。需要注意的是，在这里“高效教学”成了“一白遮百丑”的概念。一个过早地剥夺了学生自由发展权的“高效教学”，与有效教学背道而驰。特别是品德与社会这门把“学会做人”作为核心理念的课程，需要学会从容地安排和实施教学，不必追求所谓的“高效教学”，学生的良好品德形成和社会性发展都经不起速成的折腾。

案例指引十三：备课和教学设计程序的区别

备课程序：(1)备课标。摘出《课程标准》中的相关“课程内容”；(2)备教材。首先，将《课程标准》中的相关“课程内容”与教科书比较，知道教科书内容的依据，熟悉教科书内容；(3)备学生。根据教科书设定内容，结合学生情况——实际主要关注的区域状况、班级学生整体状况，有针对性的“学情分析”并不多见——找出教学的重点难点；(4)备目标。依据教科书、教师参考用书，结合“学情分析”拟订具体达成标准；(5)备活动。选择资源，计划教学活动步骤；(6)备评价。一是教学中的评价措施；二是检测完成教科书内容的程度。

教学设计程序：(1)把握教学的有用性。根据《课程标准》要求，确认学习主题的内涵以及本课时的基本视角与关键性知识和技能。(2)明确自己要做到什么。确认学习目标或教学目标，必须清楚教学能够让学生学到什么、为什么这些内容是重要的、怎样的学习方式是最有效的。(3)确定学习活动思路。学生对学习内容可能有兴趣的地方在哪里、可能无兴趣的地方在哪里，哪些内容非常适宜学生自主学习、哪些内容需要教师说明和解释；学习内容适用怎样的学习方式，它对时间和学生的技能等方面有什么要求。(4)营造学习环境。怎样展开学习是有效的，指导学生需要准备的资源是什么并如何利用它们，如何解决学生生成的问题和课堂突发事件，以及如何维护良好的课堂纪律。(5)评价学生的表现。需要明确几条评价指标，以便能够清晰地知道教学获得的成果。

显然，传统的备课方式以教学内容为中心，而教学设计以学生为中心；用备课方式，教师的“教案”越具体越好，教学设计则主要预备用于创设学习环境的思路、资料或资源。据此，40 分钟的课堂可以呈现完全不同的效果。

1. 给学生最大的学习空间

教师应该在 40 分钟内，尽可能地让学生在自由、和谐、快乐以及相互激励的氛围中，积极地投入学习。那么，品德与社会教学已经做到了什么，还没有做到什么，最值得去做什么，以避免重复、无效或低效呢？这里聚焦课堂，通过几则一线教师的总结，看看在 40 分钟内怎样才能给学生最大的学习空间。

案例指引十四：让教学目标在教学中平稳“着陆”①

教学目标的设计是关系到整个课堂教学的“风向标”和“指示牌”，与教学质量的好坏有着千丝万缕的联系。在教学目标设计上，要力戒“假、大、空”悬空式的教学目标，而是要走近学生的生活，使教学目标“近、小、实”。然而，我们经常犯的毛病却是：

(1)好高骛远。有些教师的教学目标设计，非常高远，脱离了学生的实际，可谓“形有实无”。(2)忽略“学情”。长期以来，我们总习惯将大人的主观意识强加给学生，而忽略了学生的年龄特征和实际需求。(3)面面俱到。在教学中，总想在一节课中囊括所有的知识点，因此，教学目标无侧重，效果适得其反，使得整个课堂教学臃肿拖沓，事倍功半。

这是从普遍存在的问题入手，强调教学目标的落实。40 分钟的教学究竟能够做多少事情，受很多因素的影响，最关键的是看学生实际能够接受的程度。目标过高、过多、过大，学生即使很努力，因能力不及也达不到；目标过低、过少、过泛，学生既没有兴趣学，也不知道往哪里走。所以，40 分钟不能偏离教学目标展

① 摘自 2012 年山东省级全员培训威海市望岛小学周庆彤老师的作业。

开，但前提是教学目标是适宜而准确的。

案例指引十五：画蛇添足与锦上添花①

叶圣陶先生说过："心中有境，入境始于亲。"在教学中，我们要努力把学生带入生活情境中，让学生在情境中学习，在情境中感悟，从而在情境中收获升华。

现在的问题是：(1)追求热闹。整堂课被热闹的游戏、各种各样的动画片和"体验"活动充实起来。一节课就在这种热闹的氛围中进行。可是，孩子们从中又收获了什么呢？过于热闹的情境有利于教学目标的达成吗？(2)追求华丽。多媒体手段越来越丰富，也越来越先进，老师们过多关注展示精美的课件。可是，过于华丽的"情境"会不会掩盖了教学的本质？学生会在这种华丽中得到情感的升华吗？(3)追求高端。生活是现实的，而过于理想化的追求，往往会让我们脱离了实际，反而远离了教学目标。

上述现象不仅没有提升我们的教学效果，反而是画蛇添足。那么该如何做到锦上添花呢？

(1)静下来。认真思考教学目标。创设情境是为了服务教学，我们在创设一个情景的同时，必须静心思考一下，这个情景有效吗？能达到想要的教学效果吗？(2)钻进去。情境要体现真实性和教育性。真实性就是体现真实的生活，需要老师能够引领学生钻进真实的生活中，在真实的生活中，体验、感悟、收获、升华。(3)走出来。要想更好地创设教学情境，提升教学水平，教师和学生就要一起走出去，"在路上"感悟提升。老师要不断地学习提升自己的职业素质，然后还要注重引导学生主动体验真实的生活。走出去，在路上，这是老师和学生共同的生活目标和学习目标。只有在真实的生活中，让孩子去接触各种事物、遇到各种现象、交往各种人物，让他们去解决各种实际问题，做各种事情，走出去，体验真实的生活，从而留下真实的体验和心灵印记。

教学情境是实现有效教学的重要途径。如今的教师能够主动地创设情境、自觉地运用情境，向有效教学迈出可喜的一步。存在的问题是显而易见的，但教师在实践中摸索出的改善方法更难能可贵。

案例指引十六：搭建自主学习的脚手架②

1. 搭建情境型脚手架。学习《节约用水》一课，通过图片、实验、多媒体使学生感知水的重要性，了解水危机，产生共鸣。在"我们的使命"环节，先分组讨论，征集节水的金点子，"小手牵大手"，号召家庭和我们一起节约用水，设计节约用水的宣传单。并模拟社区环境，发节水宣传员证，向社区人们宣传节约用水。让学生在情感上、行动上明确了我们的使命——节约用水，从我做起。

2. 搭建问题型脚手架。渐进式的追问，犹如一石激起千层浪，开启了对话深度。在《退一步海阔天空》教学中，先讲述生活的实例：小军、小玲、凡凡三人说好

---

① 摘自 2012 年山东省级全员培训威海市码头小学张芹老师的作业。

② 摘自 2012 年山东省级全员培训平元县工业职业子弟学校于凤菊老师的作业。

星期天去书店，结果小军没有去。星期一小军草草地说了一声："我忘了"，小玲一怒之下把小军骂了一通，而凡凡一句话也没说就算了。问题设置：你们觉得小军、小玲、凡凡做得怎样？追问：(内容略)通过逐步深入的追问，让学生知道为了一点小事就和同学朋友起冲突，破坏了珍贵的友情很不值得，引导他们宽容礼让。

3. 搭建情感型脚手架。执教《火烧圆明园》一课时，在演示圆明园的过去与现在这一环节，抓住学生当时的感受进行引导，面对圆明园的残垣断壁，你想对圆明园说些什么？让学生谈出自己的感受。

适宜于有效教学的方法多种多样，这则部分地使用了建构主义的脚手架理论，提示了教学中的注意程序和问题指引。也就是说，一节有效的教学，与教师学习指导的问题程序和学习节奏，有着密切关系。

案例指引十七：独立思考有"良方"[①]

1. 真情鼓励。教《身边的事故》一课时，在"实话实说"环节中，开始大部分学生只是交流生活中遵守交通事故的例子，而没有人愿意交流违反交通规则的事例。这时，我就提示学生道："看来我们同学在生活中都注意到要遵守交通规则，而你有没有在着急赶路的情况下，不小心做出了违反交通规则的行为呢?"一句"不小心"就将学生心中的"包袱"给卸掉，有个孩子主动谈了自己违反交通规则的行为。我紧接着说："孩子，今天你能说出来，老师相信今后你一定能改正过来!"一句激励性的评价语言，犹如一股春风，学生们纷纷开始审视自己生活中的行为，也认识到"防微杜渐"的益处。

法国著名作家莫洛亚说过："美好的语言，胜过礼物。"在孩子思路堵塞的时候，能够适时地对学生进行鼓励，就会给学生带来安全感，孩子就会轻松地、无负担地思考。

2. 提供实践。在《书的演变》教学中，引导学生对比分析活字印刷术究竟比雕版印刷术好在哪里时，现场让学生体验一下印刷术。

师：活字印刷术究竟比雕版印刷术好在哪里？我们来体验一下。这里有刻好的雕板，纸张、油墨和胶滚等印刷工具。需要细心的印刷工人一名，谁来？其他同学认真听，仔细看，一会儿还有机会。(指导：我来当你的助手。用胶滚蘸墨，滚一滚，在雕版上滚一滚，使点儿劲，你来选，放上宣纸，小手摸一摸，也可以用木拓，揭下来)看，什么字？

生：我爱中国。

师：这个印刷工手艺怎么样？第一次印刷已经非常不错了！掌声鼓励！

师：我还想印"爱我中国"四个字，怎么办?

生：再刻一张版。

师：还有别的办法吗?

生：用刀把这四个字切开。

---

① 摘自2012年山东省级全员培训威海市码头小学夏媛媛老师的作业。

师：厉害！活字印刷术就是运用了这样的原理，来，这次体验的机会就是你的了。也给自己选个帮手吧。我已经把这四个字切开了。“爱我中国”，怎么办？（学生操作印刷）

师：看，感谢两位小印刷工。

师：现在你发现活字印刷术的优点了吗？

生：很方便，按照内容重新排版就可以了。

生：不浪费，不用重新刻版。

师：对，毕昇发明的活字更加灵活，大大节省人力物力，提高了印刷的速度，先后被传播到朝鲜、日本和中亚地区。（播放课件）

“品社”教材中的历史知识是师生探讨人类生活问题的工具，是联系过去、现在以及未来的桥梁，学生通过学史认识自我，认识历史对于个人生活的意义和价值。教师的任务不是讲解教科书，而是努力创设适宜的活动环境与条件，灵活多样地选用教学活动的组织形式，让学生在意义生成与个人创造中体会到学习的快乐。

3. 提供舞台。我充分利用学校的资源优势，在四年级的《民族大家庭》一单元，让学生在网络上自由查找某个民族的生活习俗、文化特点，还可以制作网络交流平台，让学生自由交流他们最喜欢的民族、最与众不同的民族习俗，来检测学生的学习效果。

现在的社会是一个信息大爆炸的社会，如果我们还把课堂放在教科书所规定的那些学习内容上就 OUT 了，对于这些知识性、专业性比较强的教材，像民族类、饮食类、家居类、青铜类的题材，我们完全可以放手给学生自主学习，学生在教师提供学习范围的指引下，通过搜集资料、整理资料、发表自己的观点从而理解教材，既体验到了学习的乐趣，又收获到了能力的提高。

4. 适度追问。在课堂上，经常会出现学生答非所问的情况，怎样引导学生正确的思考，就需要我们老师的智慧，只要我们善于适时地追问，从多角度追问，就可以激发学生的探求欲和思维的积极性。如在《身边的事故》一课中，有一个环节是“看图片，判断是否遵守交通规则”，其中有一张图片争议很大，最后在老师的一步步追问下，学生通过反复的观察、思考，终于找到问题所在。

生：他们闯红灯了。

师：你没看仔细，这个红灯是指示司机的。

生：不该横穿马路。

师：可我就要从马路的这边到那边去，那该怎么走？

生：走斑马线。

师：对啊，过马路应该走斑马线，你仔细观察图画，走这条路最应该、最安全的路径是什么？

生：走天桥。

学会追问，尽管自主学习能力在某些时候可以通过自己“发现”来获得，但是在更多情况下是“教”会的。这里的“教”，不同于传统讲授式教学中的教，准确地讲是

"导"，是为学生的学习提供"示范""支架"。

这是从独立思考的角度看开放学生学习空间的问题，从一项具体的教学任务——也是《课程标准》特别强调的教学任务，既可以把握教学大局，又可以处理细微的教学情节。

案例指引十八：创设生活化的课堂①

1. 创设活动代替教材中的案例。《品德与社会》课程倡导生活化。从教材的编排上看内容贴近学生的生活，但具体到每一课的内容有的似乎距离他们比较远，甚至只是一个说教的案例而已。比如，《我们也能创造》中"针筒拉杆钢笔"和"椭圆形保温瓶"的图例。现在有多少学生还在使用钢笔？教师应当将学生的生活经验作为教学的出发点，将教材中的内容与学生的生活联系，创造性地使用教材，努力建立起课程、教学与学生生活之间的通道。如《我们也能创造》文中有一个内容感受王超的快乐，别人的那份快乐不如自己的快乐感悟的更深刻吧。我给学生创设体验创新快乐的活动：小队进行创新思维比赛。在这个活动中不仅调动起了每个人的兴致，而且亲历过程体验创新的快乐。

2. 教材中的情景再现。比如，角色表演。并不是所有的活动学生都经历过，教材中出示的案例有很好的启迪作用时，不妨让学生表演一番，这个表演需要教师的提前指导，否则会误导学生的关注点，德育功能适得其反。如《社会生活有规则》中《无形的指挥棒》有一个情节是"建立良好的公共秩序"，我让学生模拟表演排队有序上车和无序上车两个情景，在对比中明白其中的利与弊，从而懂得规则的重要性。

这则例子在教学理念和方法与前面的例子是一致的，不同的地方是教师着眼于活化教科书中的范例，这也是教师不能回避的问题。完全脱离教科书教学，对不少地方的教师是不现实的，但是"教教科书"又离学生的生活远，而且教师常常缺少创设学习环境的思路。充分利用教科书资源，基于教科书给出的教学范围和顺序，再结合学生的实际生活创意，容易获得良好的效果。

案例指引十九：恰当地运用课堂语言评价②

就是在课堂上，教师即时采用语言的评价方式评价学生，肯定学生的优点，鼓励学生。例如："你是一个很聪明的孩子，如果再努力一点，你的成绩一定会很好的。""你这道题做错了没关系，下次细心一点，就不会出错了。""你朗读得很有感情，比老师读得还好，可以在这方面好好的发展。"教师在评价的过程中，要鼓励学生，引导学生怎样去学习，怎样去思考问题。不能像传统的教学那样一味地灌输知识，而是要从学生的兴趣着手，引导学生自己学习，充分调动他们的积极性和主动性。

教师语言是有效教学的重要条件。其一，在大多数情况下，教师要通过说明或解释，陈述事实、讲解概念，必要的讲授对有效教学是必不可少的；其二，沟通情

---

① 摘自2012年继教网"国培"河北省保定市前卫路小学田荣老师的作业。

② 摘自2012年继教网"国培"河北省任丘西环路褚庄小学周艳晓的作业。

感，启发思维、适时评价等学习过程，都需要教师语言运用良好的语言技巧；其三，教学语言反映教师的教学风格，体现了品德与社会教学内涵。

(二)教学细节的处理与把握

如果再把以上课题加以深入，就触及到教学细节问题。教学细节并不是单独某一类专门的教学指导和方法，而是从教学过程精细化方面，抓住具体情节、具体问题进行分析，试图使品德与社会教学由感知到体悟，进而实现标准学生形成良好品德与社会性发展的课程目标。

1. 什么是教学细节

“细”与“小”相通，“细小”连用；“节”，即一段、一个单元的意思，引申为要点。没有细节，自然不能有完整的“大”或整体。但在习以为常的情况下，人们往往从传习的经验出发，很容易忽略构成事实、问题或知识的细节。所以，尽管人们在不断学习，但是不求甚解的学习实在太多。

什么是教学细节？最简单地说，就是构成教学过程和内容的精细化部分。教学研究经常提炼这部分内容，通过分类、归纳和分析，用于帮助教师改善教学，强化教学研究意识，避免丢失或忽略重要的教学环节或情节。教学细节无所不包，大而无当的教学都是不注意细节的结果。比如，教学目标空泛，是没有关注细节，使教学没有针对性；只重视知识灌输，不重视技能的落实，也是不会处理教学细节的表现；教学没有情节，不可能让学生产生共鸣，还是没有细节的缘故。细节是教学中最易感人的部分，它影响教学氛围和质量。比如，在处理《节约用水》一课时，很多教师采用滴水实验，学生通过观察，了解节水的重要。同时，教师也根据学生的细节表现，掌握他们的心理活动。也就是说，教学细节能够从师生间的话语、行为、情感以及交互作用中反映出来。有效教学必须通过细节达成，教师不能茫然不知、视而不见。

关注细节就是关注学生。只有时时想着学生的进步和发展，才有可能发现细节、利用细节，否则就是使教学流于形式或照本宣科。比如，某教师在执教“自觉遵守交通法规”一课时，看到了因交通事故丧失双腿、高位截瘫，只能靠篮球行动的小女孩，有个学生马上说道“她还不如死了!”这是一个突发的“课堂事件”，不会在预设的教案中出现。有些教师会愣住，第一反应是“太没有同情心了!”甚至评价或用眼神告诉学生，他错了。然而，这位教师很快地回应道：“是啊，因为交通事故，给她带来了巨大的伤害，真是生不如死啊！请大家记住车祸猛于虎；另一方面，你们看到了她的坚强吗？看到生命力的顽强了吗?”教师抓住了这个细节，既站在学生的角度向全班说明了该学生语言背后的意思，也因势利导让学生思考更多的问题。从这个例子看，从细节处达到教学目标是很清楚的。

当然，从中看到了教师把握教学的能力，或可说是见到了教师的教学功底。大致说来，教师在这方面的功底，可以反映在以下几个方面。

(1)敏锐捕捉有价值的教学细节。即能否观察到有用的教学细节，能否抓到有教育价值的教学细节，需要教师具有一定的道德敏感性、教育教学的敏感性；善于观察和发现，会倾听学生的见解和心声；了解学生的需要，做到有针对性地在细节上做文章，加以教学调控与指导，进而获得润物细无声的效果。

(2)面对生成问题的应变能力。教学应变能力是教学机智，这是教师在教育、教学过程中的一种特殊定向能力，主要是指教师能够及时调控学生学习活动的方向，根据学生反馈出的情况、特别是意外的情况，迅速做出判断，随机采取恰当的教育措施解决问题。它体现教师良好的综合素质和修养，以及娴熟运用教育策略的能力。现场生成的现象都属于细节。因此，恰当处理生成的现象也是处理教学细节。教学的精彩之处，也往往在这里。

(3)处理教学细节体现教师智慧。教学智慧是教学实践的产物，是一种正确判断、适宜地教学问题、具有创造意义的教学才智。它主要表现为教师对教学工作多样化情景的深刻洞悉、灵活地运用教学机智的综合应对能力。在教学中，教师处理问题的一些小智慧，或许就能够推开学生的智慧之门，点亮学生的思维之灯。

(4)教学细节展现教师的教学魅力。魅力是一种感染力和吸引力。教学魅力是由教师的教学功力引发出来的一种内在的、持久的、强大的感染力和吸引力，是教学的思想性、科学性、艺术性的集中体现，是每一位教师个性的外在表现。魅力在品德与社会教学中非常重要，犹如“亲其师、信其道”的道理。

2. 关注教学细节的哪些方面

从教学细节中可见教学的成效。在教学中，一些教师认为按照预设的教学设计去教，该讲的内容讲了，该问的问题问了，就完成教学任务了。但是，是否学生真的接受了你讲的内容，你的问题真的引发了学生的思考吗？你的教学任务完成了，是否学生也有了进步，判断学生进步的标准是否确定，等等。总之，教师的教学效果，要接受很多细节方面的检验。

从大的方面着眼，细节关乎理念、设计、目标、过程，关乎知识、技能、技巧；功底、机智，关乎效率、效果和效益。如果把教学设计作为教学的骨架，教学目标作为教学的灵魂，那么，教学细节就是教学的细胞。它是有效教学不可或缺的部分。只有关注课堂细节，特别是捕捉有价值的细节，才能使课堂教学焕发出更大的生命活力，才能有效地促进每位学生的发展，提高教学质量。

课堂中的教学细节很多，教师不必、也不可能面面俱到，要抓住关键细节。因为关键细节常与学生的疑难问题、课堂生成、教学重点、学生情绪相关，忽略了它们，有效教学难以达成。精彩的教学不是凭空得来的。有经验的教师，会特别关注和捕捉教学现场生成“意外”的细节；会紧扣教学主题，灵活恰当地处理学习活动；会关注和捕捉教学中学生的态度、表情和举止细节，会把握学生脉搏、针对症结、因势利导、有效指导。

人们说，人的眼睛会说话，通过眼神可以窥视到人的内心情感态度。尤其是儿童，他们是天真单纯的，他们的眼睛更能直接反映出他们的好恶、怀疑等心态。同样，学生的表情、举止也都能反映他们的情感态度和价值取向。所以，在教学中，教师要能够通过学生的眼神、表情、举止等信息，读懂学生的内心，从中把握学生的思想脉搏，了解他们对事物的判断。

鉴于前面已有不少事例从各方面涉及教学细节，以后各章在介绍具体的教学方法或学习技能时，也会有详细建议，下面仅从自评的角度，列出一个有关教学细节的清单，供读者参考。

1. 明确学生应该掌握的知识和技能是什么，不要笼统地知道；

2. 明确情感、态度和价值观的具体事项，不要说空话、大话；

3. 明确教学目标是有用的，尽可能用最简洁的语言表述目标内容；

4. 明确教学目标的达成方法，至少在教学目标中陈述中要确认一种方法是主要的；

5. 明确教学在怎样的环境中展开，至少要确认一个探究或问题解决程序；

6. 明确教学设计意图，它需要呈现清晰的预设逻辑，但不能妨碍教学生成；

7. 明确教师必须有所作用的地方和有所不为的地方，不能简单地用教学时间的长短、或确定教学方式的办法，控制教师施展教学技能；

8. 明确学习指导方法的特色和实效性，至少让学生能够复述学习主题的要点；

9. 明确学生能够在生活中运用的知识和技能，在当下他们已经掌握了什么，这意味着什么，如阅读；

10. 明确现代化教学手段带来的影响，针对具体问题具体说明它的作用；

11. 明确教学资源使用成效，学生在多大程度上利用了教师开发的资源，或他们自己在何种情况下开发了资源；

12. 明确教学已解决了什么问题，有没有不确定的问题；

13. 明确教学环境的和谐情况，至少在民主课堂方面可以举例说明其效果；

14. 明确教师语言的效度和信度，比如，提示有用、没有过分的表扬、清晰干净、不啰唆重复、不走极端、开发自由、幽默活泼、尊重礼貌等；

15. 明确平等对话的方式，至少能够在教学过程中贯穿对话，而不是只与学生对白教科书内容；

16. 明确顾及每位学生进步的做法，至少在组织和指导学习活动时，关注到每位学生的参与；

17. 明确课堂纪律要求，无序的课堂不可能给所有学生带来好处；

18. 明确教学时间是有限的，没有效率的教学或学习，不是有效教学；

19. 明确教学评价不是给学生一个成绩，而是激励他们去做该做的事，他们在做中表现，才是有效教学希望看到的结果；

20. 明确所有教学细节的判断标准，学生的进步或发展是其大前提、大原则。所以，同一学习内容在不同地区、不同教学条件下，出现不同的教学情况或现象，需要有针对性的分析，否则很难得出客观的结论。

第三章
做有针对性的教学

△ 创建以学生为中心的教学
△ 有效的教学策略通过有效的教学设计发挥作用
△ 没有生成的教学不是理想的有效教学
△ 有效教学都具有简明而且开放的结构
△ 体验多样的教学方法

引言：以学生为中心的教学设计

品德与社会的课程设计思路中，把“一条主线”放在首位，意味着教学设计是以学生为中心，而非以教科书为中心。比如，关于感恩的学习内容，中年级的学习对象，主要是家庭中的父母和亲人以及学校中的老师。到高年级扩大到了社会，可以是直接对学生有过帮助的人，也可以泛指社会上为人们提供不同服务的人们。无论在何种条件下，运用何种方式感恩，教学的出发点和落脚点都在学生如何能够做到的方面。不过，通过日常教学要学生“学会感恩”，并内化为一种自觉行动，真诚而不做作，需要教师的有效引导。比如，有些教师要求学生回家给妈妈洗一次脚，学生只当是完成作业。甚至有学校将作业做成仪式，在学校操场上让数百名学生齐刷刷的给妈妈洗脚，就不是什么感恩教育了，而是一场庸俗的德育表演。暂不说领导做这事的动机，仅就设计而言，简直就是道德绑架！它不是学生的日常生活，也并非在学生生活基础上生成的有效活动，它更不问学生和家长是否愿意。所以，这类活动的起点就不正确。

教学设计体现教师对教学本质的认识。以学生为中心的教学设计和以教科书为中心的教学设计，会产生完全不同的效果。并不是说，以教科书为中心的设计排斥有效教学，而是说以教科书为中心的教学主要与掌握课本知识有关，而与学生的期待和健全发展无关。所谓“教学的目的是帮助学生学会知识和技能”，以教科书为中心的教学可以做到。但是，如果说到让学生自己主动建构知识和技能，而且能够使其转化为生活习惯的话，那就需要教师在以学生为中心的教学设计上下工夫了。

有针对性、实效性的教学从教学设计开始。为此，教师需要成熟其达到教学目标、发展学生品德和智识的教学技能和策略。诸如，掌握说明性的抑或解释性的教学策略、示范性的抑或活动性的教学策略、批判性的抑或实证性(调查性)的教学策略。这些教学策略通过教学设计发挥作用。对这些教学策略的熟悉程度有一定的阶段性。一般而言，教师的教学经验越少，就越依赖于说明性、解释性的教学策略，甚至不能完全脱离教师指导用书做教学。这是正常的现象，因为只有当教师逐渐熟练掌握了说明性、解释性的教学策略后，才能尝试示范性、批判性的教学策略。也就是说，说明性、解释性的教学策略是教师的必备技能，即便在以后的教学中，能够熟练地使用批判性、实证性教学策略，也会穿插说明性、解释性策略，在教学策略之间没有那么泾渭分明，要看学生的需要。品德与社会教学主张采用示范性、活动性、批判性、实证性教学策略，是因为它们能够给学生提供更多的自由选择的机会，教师也会在自己的教学设计中，更多地考虑如何让学生独立地展开学习活动。同样，当教师能够自觉地运用这些教学策略时，学生也会跟随教师积极地提出问题、独立思考和解决问题。也就是说，品德与社会教学在这个时候已经转化为以学生为中心的教学了。

一、有效教学与效果

(一)追求理想的教学

教学专家指出，不论是以教师为行为主体的教学，还是以学生为行为主体或者以师生为共同主体的教学，就有效教学而言，都具有启动学习动机、明释学习内容、调试教学方式和追求良好效果四个特性。“教学”即“教师引起、维持或促进学生学习的所有行为”。教学在本质上就是探究。①

依照建构主义的“脚手架”理论，教学应从学生已有的经验出发，并给他们提供具有一定认知难度的学习项目，再一步一步地引导学生，学习新内容，并内化成自己新的经验。与传统课堂相比，建构主义课堂以小组学习为主要形式，课程活动主要依赖于直接的资料来源和可操作的资料；视学生为思考者，强调帮助学生用自己的眼睛看世界；教师常常与学生保持互动，为学生协调环境；教师寻求学生的观点和现有的理解，为日后的课程教学做准备；学生的学习评价和教学相结合，教师通过观察学习状态中的学生以及学生的展示及个人作品档案来进行评价等。②

显然，追求理想的教学效果需要充分的教学准备，而且必须围绕学生的经验确定教学目标。抑或说，有效教学理应站在学生的立场，关注学生的学习行为。它更关注如何帮助学生做正确的事，而非仅仅正确地做事。所以，强调教师的教学行为必须有助于学生学会和会学。有效教学同样讲究教学程序，但不追求刻板的教学预设，也不为教学活动制订过细的环节。理由是，一个开放的课堂，很难在教学之前被完全预设出来。教师设计教学活动逻辑的目的，在于科学规划教学程序，使之更有助于学生生成新知识、新问题和新观点。它要求确定指向目前的教学目标，并依

① 崔允漷主编．有效教学．上海：华东师范大学出版社，2009：20.

② 崔允漷主编．有效教学．上海：华东师范大学出版社，2009：55.

此展开的教学活动。教学活动一般的特征是：清晰地授课，多样化的教学，以任务为导向，引导学生投入学习过程，确保学生的成功率。①

(二)理想的品德与社会教学要素

1. 由内容到表现

依靠讲述的方法学习品德与社会的时候已经过去。即便在品德与社会课堂上讲述法还是主流，但是由于补充了较多的学习方式和资源，教师主导的“讲述”越来越倾向于学生的“表述”了。教师运用讲述法，多数情况下是在阐释概念和陈述事实，是为了增进学生的交流能力所做的准备。也就是说，教师已经在关注讲述的有效性，而不是自己唱独角戏，所以他们会有目的地在其中穿插学生的发言和讨论。这样，也为发展学生的讲述技能提供了机会。

过去的内容主义教学，教师照本宣科，极少注意发展学生的交流能力。一提到讲述技能，无异于教师的讲课技能。忽略了在教学中，通过解释资料、采访或调查，讲述身边的故事、撰写所见所闻、课堂发言等活动。这种单一的“讲述法”，不适合品德与社会的教学要求。让学生一字一句地读教科书、附和教师的讲述观点，都在品德与社会教学排除之列，代替它的将是在教师示范下培养学生的讲述技能，包括发展学生的讲述兴趣和能力，强调传达和沟通的有效性等。其理想状况，就是摆脱课本说事实。

打破内容主义的教学，关键是要树立让学生表现的教学信念，诸如，品德教育所强调的知行合一理念，社会课教育所主张社会性发展理念。针对传统教学而言，改善讲述方法或许更为直截了当。事实上，教师主导的课堂学生很难有真的探究。教师对教学的控制越严格，学生就越不容易做出自我选择和自我决定，教师说的越多留给学生实践交流技能、增强交往能力的机会就越少。

(1)观察法和调查法。品德与社会教学中以观察技能求得学生对社会的真实体验。没有这个技能，会把事实当作虚构，会把虚构的东西当作事实。引导学生自己对学习对象的高度注意和仔细观察，获得切身的社会体验和意义，他们才有可能做到用自己的眼睛看、用自己的嘴说、用自己的脑子思考。观察往往和调查同时使用，可以调动学生的所有感官，亲身去听、去看、去动手，直接感受生动的学习对象。

观察是品德与社会教学最青睐的方法之一。作为一种技能，观察可以单凭感官来进行，也可以借助工具或科学仪器来延伸感官，扩大观察的范围和深度。在品德与社会教学中，经常使用的观察工具，包括地图、图表、指南针、笔记本、图画本等。观察对象也十分广泛，如社区中的工厂、市场、邮局、车站、派出所、消防队等，还包括历史遗迹或更大范围的野外考察。观察结果可以形成笔记、报告书、统计表，也可以直接呈现为实物、照片、绘画、标本等。

① 加里·鲍里奇著．有效教学方法(第四版)．南京：江苏教育出版社，2002：8.

运用社会科学研究方法做实地考察，便是调查。人们常说的调查研究，其中的"调查"指获得真相的途径，"研究"是对真相的分析。品德与社会教学中的调查技能，基于学生经验，并着眼于为他们理解社会、认识社会、适应社会、参与社会的准备条件，虽然内容简化了，要求降低了，但用途广泛，意义重大。"没有调查不轻易发表意见""用事实来说话"等箴言，已作为品德与社会教学的责任。调查研究所培养的科学态度，就是做人的重要组成部分。如"诚信"这样的品德教养，常常也是在调查研究中加深认识的。

品德与社会教学所实施调查研究或活动，既有个人形式的也有小组形式的，后者更普遍一些。但是无论怎样的形式，调查研究或活动的内容结构大致相同。比如，所有调查都有计划性、组织性的特点。因为运用调查法的主要意义是认识人与社会。所以需要有明确的调查目的和实施策略。目的主要指：要回答什么问题、解决途径和制定决策。策略主要指：应该做、如何做和预期效果等问题解决策略和决策制定策略。

还有一种更为专业的调查方法，叫"田野调查"(Field Study 或 Field Research)，一种实地参与的研究方式。它主张与调查对象进行面对面的交流，全方位地参与或观察对象的生活，也就是采用"参与观察"的方式。这种调查法在三个方面，值得品德与社会教学效仿：从实地调查中获得第一手材料；研究态度尽可能中立，观点、假设、结论只能基于事实；呈现定量的研究成果。在条件允许的情况，教师可以尝试着去做。

案例指引一：周围生活小调查①

教学方法：教师提供宽松、民主、和谐的课堂氛围，以学生为主体，采用竞赛的形式，适时进行引导、点拨；使学生积极地参与讨论、交流，形成共识，进行小结。

教学准备：(1)相关图片、表格、平面图、资料、多媒体课件。(2)社会调查提纲。

社会调查提纲：(1)调查目的(略)；(2)调查对象：育红小学附近的两路两店、新芜路、中山路步行街、银座大厦、新百大厦；(3)调查时间：利用上学、放学路上，休息时间；(4)调查方法：观察实地简单测量，疑难问题向家长或相关知情人询问，采访有关顾客，寻找相关资料。(中略)

调查结果样例：育红小学周围生活环境变化调查表

调查范围	调查方法	以　前	现　在
新芜路	实地看、问、测量、拍照	路面窄(12 米)，材料为沥青，设施不全，生活不便	路面宽(20 米)，材料为水泥彩砖，设施全，生活方便

---

① 执教者为安徽省芜湖市育红小学周玲老师。

续表

调查范围	调查方法	以　前	现　在
中山路步行街	实地看、问、画图表、拍照	路面为沥青，绿化面积小，品种、功能单一	材料为大理石，绿化面积扩大几倍，品种、功能多样
银座大厦	实地看、查资料	面积 9200 平方米，有 2500 种、20 类商品，日销售额 16 万元	面积 13000 平方米，有 4500 种、40 类商品，日销售额成倍增长，顾客流量大
芜湖南京新百大厦	实地看、采访、拍照	无	1995 年 4 月 18 日新建，投资 2.5 亿元，面积 6.08 万平方米，货源充足，满足人们不同需求
变化原因	1. 改革开放的好政策，当地政府的支持。 2. 合理发挥、利用当地资源优势。 3. 发挥人民的聪明才智。 4. 聘请外地高科技人员，引进外地资金。		

调查获得的素材需要运用统计、比较等方法进行分析和总结，才能提出结论。比如，统计法既帮助学生获得调查的数据，同时也通过对调查数据的整理、计算和分析过程，获得对调查对象更直观的认识。其中，在把握客观事物的数量、认清数量的具体细节和差别、变化的过程时，也使用了比较或对比的方法。呈现调查成果可以采用图表统计、柱状统计等，也可以使用文字陈述。

案例指引二：现在的路——未来的路①

活动简介：

银雀山路——临沂二小位于市中心的黄金地段，再加上二小的特殊化，这里常常是人、车堵塞，交通不畅，给周围人们的生活带来极大的不便。二小的学生和家长也不例外，深受其苦。许多学生提出“若使咱们学校门前的路时时畅通无阻，该怎样改造呢”的问题。

活动计划：(1)学生在不同的时间考察这一段路的交通流量；(2)观看录像，观察路究竟给人们带来什么；(3)收集有关“路”的知识；(4)构思不同“路”的草图；(5)向学校和有关交通部门提交自己的想法。

一、考察银雀山路临沂二小路段的交通流量

学生分别在早晨 7 点 40 分到 7 点 45 分，7 点 50 分到 7 点 55 分进行了两次统计，发现早晨上学、上班高峰期，人、车太多，太拥挤。有时，五分钟之内只能行

① 执教者为山东省临沂市第二实验小学李芹老师。

走几米的路程；短短的五分钟，就有一千多车次、人次进出。(中略)有的学生还跑到老师跟前："老师，老师，五分钟居然从这里过去了100多辆摩托车，真多呀!"回到教室，结合全班的统计结果，学生议论纷纷，情绪高涨，争先恐后地说出自己的想法。

二、收集了解各地道路的知识

在学生的创作欲望被激发起来的情况下，我布置学生通过各种途径收集各地道路的情况，并利用每天的课外活动在班内交流，学生非常认真，有图片、有剪贴、有摘录。通过这一活动，学生对道路的构造和作用又有了新的认识。

三、自主设计，构建道路设计图

到现在为止，构思的条件基本具备，于是我就让学生先谈自己的设想。这时，大多数学生早已有了想法，争先恐后地说出：这段路我要专门设计出宽宽的学生专用线，保证每个学生不在这段路上耽误一秒钟；这段路我要设计成两层，且是透明的，既美观又让送孩子的家长看着自己的孩子走进学校；这段路……学生的思维虽然有些稚嫩但却真实，这时我就要求学生把自己的设想用图画下来，可以自己设计，也可以几个人合作设计，总之做到人人动手。全班85人共设计了50多条路，有双层的，有全封闭的，有多功能的，有高效率的……这些设计凝聚着孩子们的智慧和责任心。

(2)访谈与口述。凡是可以用语言描述的时间、情景以及个体的经验，都可以采用访谈来收集资料。这是一种双向交谈，大多数情况是访问者事先设计好问题表或问卷。品德与社会教学运用访谈法了解人们对某一事物的意见、态度和评价。比如，对父母进行采访，比较不同时期儿童游戏的变化；对社区老师的采访，增进对某一特定文化遗产的认识等。同时应注意，访谈法既可以作为一种独立的研究方法，也可以作为其他方法收集资料的辅助工具。

作为学习技能，访谈是学生进行社会调查的重要手段，还有利于培养学生广泛的社会兴趣和态度，并发展交往能力。当然，对于小学生不必要求过高，主要在以下方面加强指导即可：(1)访谈之前要有充分的准备，做好访谈计划，非常清楚自己要问什么，怎样问最好；(2)要非常有礼貌地联系被访谈者，并说清楚访谈的目的、地点和时间；(3)采访中需要使用礼貌的语言，尽可能使用和缓的语气，眼睛要看着对方，不要抢话和重复太多；(4)边访谈要边记录，即便有录音机也应该如此，一是为了礼貌，二是形成良好习惯；(5)控制好访谈时间，按照确定的时间开始采访和结束采访，不要给被采访者带去麻烦；(6)访谈结束后及时整理素材，写好访谈汇报。最好不要一开始就让学生进入现场，而是在教室模拟，待他们对这一技能有比较充分的把握和信心时，再实际操作，这样做会马上建立起学习成就感。

口述的技能不是演讲技能，重点是有条理的回忆。比如，回忆自己的第一次有意义的事情，像第一次自己做了早餐、第一次洗衣服这类简单明了的事情；一次难忘的旅行、最自豪的一件事等需要描述更多细节的事情。口述的过程有内化的意义，所以无论是举例性的简单回忆，还是故事性的复杂回忆，都需要：(1)时间、地点清楚；(2)由生活中提炼，而且是自己想说的或者自己觉得它是有意义的；(3)尽可能提到细节，因为细节反映出它是有趣的、是不易忘记的；(4)不单单举出要说的事情，还要尽可能让人听上去是有条理的；(5)如果能够注意到修辞就更好了，它有助于增加叙事的情感，更有利于别人分享你的故事。

当然，这样的技能也可以用于听别人口述。高年级学生在自己的社区，尝试着做点口述历史活动，对于历史文化、生活变迁、民间遗产等方面的学习大有裨益。

2. 由认知德目到养成良好习惯

在相当一段时间里，学校的品德教育是由"德目"支撑的，教师也比较习惯于使用宣教式的方法教学。其实，品德是人类的交往需要。每个人在与社会发生关系时，都有品德的内在需要。然而，教师如果把品德当成知识来传授，就很容易使品德与人的行为、信仰脱节。

(1)品德、道德与德育。品德，是指个体依据一定的社会道德准则和规范行动时，对社会、对他人、对周围事物所表现出来的稳定的心理特征或倾向。品德是个体有别于他人的，最具有社会评价意义，较稳固的个性特征，具有外化的行为表现。道德，则是由一定社会的经济基础决定的一种社会意识形态，是人们共同生活及其行为的准则与规范。它以善恶为评价标准，通过社会舆论、传统习惯和内心信念来维系和调整人们相互关系的行为准则和规范。道德的内涵，道德是一种社会约定俗成的行为准则；职能是抑恶扬善；通过社会舆论、传统习惯和内心信念的形式发挥作用。品德与道德之间，既有联系又有区别：品德的内容来源于社会道德，社会道德又是通过个体的品德而存在的，个人的品德虽然不可避免地要受到社会道德风气的影响，但它对社会道德风气也能产生一定影响。

德育是教育者按照一定社会或阶级的要求，有目的、有计划、有组织地对受教育者施加系统的影响，把特定的社会思想和道德转化为个体的思想意识和道德品质，德育是教育的一个重要组成部分。道德和品德两者之间的区别在于：首先，研究的范围不同。道德是社会现象，是人们行为的规范和准则，是伦理学的研究对象。品德是社会道德规范在一个人身上的具体体现，是教育学、心理学研究的对象。另外，道德的形成和发展受社会发展规律的制约，品德的形成和发展不仅受社会的制约，还受个体生理、心理活动规律的制约。

(2)知、情、意、行。"知"即道德认识，是人们对道德规范及其意义的理解和掌握，也是非善恶美丑的认识判断和评价。在这个基础之上。人们形成的道德辨识能力。"情"即道德情感，是人们对社会思想道德和人们行为的爱憎、好恶等情绪态度，是进行道德判断时引发的一种内心体验。"意"即道德意志，是为实现道德行为所做的自觉努力，是人们通过智力权衡，解决思想道德生活中的内心矛盾与支配行为的力量。"行"即道德行为，是人们在行动上对他人、社会和自然所做出的行为反应，是人内在的道德认识和情感的外部表现行为。

知、情、意、行的关系密切。(1)道德认知的表现形式是道德概念的理解，道德观念的形成和道德信念的确立，其作用是其他几个要素形成的基础。(2)道德情感的表现形式是直觉性的情感体验、想象性的情感体验和伦理性的情感体验，其作用是影响人的选择，调节人的行为的中介。(3)道德意志的表现形式是完成动机斗争，选择行为方式，执行道德决定，其作用是调控人的行为。(4)道德行为的表现形式是顺从行为(他律)，认同行为(模仿)，信奉行为(自律)，其作用是品德形成和发展水平的重要标志。(5)知是情、意、行的认识基础，情、意是行的精神动力，也影响着知的提高，行则是知、情、意等内在道德要素通过生活和社会实践外化，作用于客观的“结果”。

传统的道德教育认为，由“道德认知”生发“道德情感”，由“道德情感”生发“道德意志”，由“道德意志”生发“道德行为”，似乎只要解决了认知问题，就什么问题都解决了，就生“情”生“意”，从而去行动。然而，德育实践并不是这样，解决了认知问题，并不意味着就解决好了其他问题。同样，“知情意行”不可能从顺序上来理解，只能把它看成是教育、教学的关键要素。

(3)良好品德形成的着眼点。

第一，逐步形成自觉运用道德认识评价和调节品德行为的技能。为此，要注意到：小学生感知能力强，抽象逻辑思维弱，对道德认识的理解较为肤浅、表面，需要具体要求；在道德判断方面，他们更注重行为的效果，不容易将动机和效果联系起来思考，在鼓励他们的主观判断的同时，需要强化对事实的理解；在道德原则的掌握方面，他们习惯模仿别人，除了引导他们的正确效仿之外，应适时利用现场情境做进一步感化。

第二，随着年龄的增长、社会环境施加的影响也随之增大，表现为儿童言行分化。应该关注他们在道德认识与行为、言与行方面的协调发展，巧妙地矫正外露的缺点，而不是一味地强调言行一致。言行不一往往不是教育缺失，还有年龄和心理原因。教育过当反而适得其反。

第三，自觉遵守纪律是良好品德形成的关键环节。这是一种出自内心要求的纪律，是在儿童对于纪律认识和自觉要求的基础上形成的，而不是依靠外力强制的纪律，因此，自觉纪律的形成过程是一个纪律行为从外部的教育要求转为儿童内心需要的过程。这个过程一般可分成三个阶段：依靠外部教育要求，依靠教师制定的具体规定和教师及时的检查；儿童还未形成自觉纪律，但已经体会到纪律要求，一般能够遵守纪律；把纪律原则变成自觉行动。

第四，了解影响学生品德发展的社会因素，并有针对性地做学习指导。比如，社会生活条件、社会文化、家庭和社区环境方面的影响。指导方法可以选择说服、榜样学习、奖惩等方法。

第五，开辟品德养成的多种途径。比如，在学生中树立学习榜样、行为矫正等。最为重要的是养成学生的良好学习和社会行为习惯。

3. 由书本知识到社会性发展

社会性发展是品德与社会课最关键的任务之一。从教育的角度讲，社会性发展就是学生个体通过获得社会经验，形成一定社会所认可的心理和行为模式的过程，是实现由自然人向社会人的转变的过程。其中必然地包括理解、接受、继承和发展前人的思想、文化、信仰、传统和习惯等诸多品德和文化教养内容。人的文明举止、内在文化修养，都与社会性发展相关。一个人的文化水平、文明程度的高低，由他的社会化行为体现出来，社会性发展起着核心作用。所以，小学阶段养成学生良好品德的课程目标，如果不关注学生的社会性发展，品德教育就被抽空了。为什么品德与社会反复在夯实“基于儿童生活”的课程理念，为什么一再强调参与式教学活动和有效对话，都是为了把握好良好品德形成的生活背景，为了让学生的良好品德形成与社会性发展相辅相成。

还有，社会性发展内在地包含着社会认知、社会技能、社会适应性、社会性的情绪和情感、自我概念、意志品质、道德品质等方面的发展。面对如此广泛和深刻的内容，书本知识只不过给出个学习纲要而已。尽管今天的品德与社会教科书有非常大的改进，但是仅以一本教科书去面对儿童生活很不现实，更何况我国的教科书都是相当简约的，容量十分有限。受教科书的限制，教师可能连基本的学科知识概念都难以弄清。比如，品德与社会中的“社会”，常常被教师们丢了，只说“品德课”或“思品课”，连“品社课”都不习惯说。丢了“社会”，“儿童生活”从哪里来呢？有一个纯粹的“儿童品德生活”吗？引申说，儿童是生活在社会中，还是生活在成人营造的品德世界里呢？道理很简单，没有脱离社会的生活，自然不存在脱离社会的品德。脱离社会生活的品德，只是书本的假设。

那么，社会又是什么呢？在英语世界里，society 意为“与他人的友好关系”。汉语的“社会”源于日文的“社会”，是对 society 的意译。在古汉语中，“社”和“会”是分开使用的，“社”指土地神，引申义为祭神；“会”便是集会、聚会。二者连在一起，就是人们因祭神而聚到一起。现在，大家使用“社会”这个词，有更多的现代意义。国外社会科课程对“社会”的界定，着眼“人类生活的共同体”的概念。所强调的含义是：(1)它是有文化、有组织的系统；(2)从事生产活动是人类社会的一大特征；(3)在任何特定的历史时期，社会都是人类共同生活的最大社会群体；(4)具体社会有明确的区域界限，存在于一定的空间范围之内；(5)社会具有连续性和非连续性，即任何一个具体社会都是从前人那里继承下来的，同时它又与周围的社会发生横向联系，具有自己的特点；(6)社会有一套自我调节的机制，能够主动调整自身与环境的关系，创造自身生存与发展的条件。

有社会生活就有社会化的问题，而且实现人的社会化是教育的基本功能。所谓“社会化”，指的是人们获得其所属群体或整个社会的规范、价值、信仰、态度等的互动过程。人的自我和人格在其中得以形成；社会文化的传递也通过这个过程进行。社会化的进行有遗传方面的生物基础，但社会科学更倾向于讨论后天的社会影响所起的作用。因此，对社会化最通常的解释，便是一个自然人成为社会人的过程。这个过程有两个基本特征：一是社会角色的习得过程，即学习和内化所属的文化；二是形成自我概念，即在与社会互动中，不断地通过理解他人眼中的“我”而逐渐形成的自我概念。人们初级的社会化已在家庭开始，学校则实施比家庭更为正规、严格的社会规范，并着重于对学生的知识和技能的训练。

无论哪个层面的社会化，都需要一个参与者与社会双方相互作用的过程。品德与社会不仅对此做了针对性的顶层设计，而且它也是学生接受系统的公民教育的开始。“参与”既是教学手段或策略，更是他们以后进行积极的社会参与的基础。品德与社会的这类教育功能，其他课程要么没有，要么零碎。

严格意义上的社会参与，是就参与公共利益和社会发展事务的全社会性的活动而言的，一个重要特征是促进公民社会的发展，这是民主教育的一部分。一是公民理应接受理想的社会价值，但这主要是通过社会力量实现自己的利益、寻求自己的价值认同，而非依赖某种权力；二是公民通过社团组织、公共机构甚至是社会运动与国家发生关系，进而参与到政治事务和公共事务当中。前提是允许、鼓励甚至要求社会参与的制度基础的存在，公民也需要具备参与社会活动的实际行动能力。

如今关键的问题，不是讨论社会参与是否可以引入品德与社会教学的问题——事实上已见端倪，而是说为了培养“正确的社会意识或认识”品德与社会不能回避这样的概念(或叫“核心知识”)。道理一样的简单，社会存在决定社会意识。社会意识就是人的社会精神生活过程，包括政治、法律、道德、艺术、哲学、宗教种种观点，它们都蕴含道德问题。其中的意识形态，更是反映了整个社会的道德主张及社会心理，包括社会舆论、偏见、风气、情绪和风俗在内。不管人们承认不承认，它们都存在，而且时时影响着人们的品德形成。学会社会参与，主动且积极地认识、理解它们，品德的发展就有正能量。

在没有“思品课”的国家里，并不等于没有品德教育，他们一般通过两种途径进行道德观或价值观教育：(1)由社会问题构成系列的学习主题，诸如人口过剩、贫困、失业、社会不平等、环境污染、黄赌毒、家庭暴力等。客观主义者认为，社会问题是客观的真实存在，通过实证的研究方法，可以诊断出社会问题的病理学根源并加以矫正和治疗。个体将其作为镜子，即可以确定自己能做什么和不能做什么。主观主义者则认为，社会问题并不一定能够反映客观真实，它或许只是集体情绪与反应的某种体现。另外，社会问题还可能是某些利益群体特意制造出来的，即一种“声称产生了社会问题”的活动。对一个社会而言，最常见同时也是最强有力的社会问题建构主体便是政府和公众。因此，“主观主义”者强调与品德相关的教育，不是去寻求解决社会问题的直接办法，而是通过研究社会问题被建构的过程，反向地将“问题是如何成为问题”的过程暴露出来。比如，“道德滑坡”是否有舆论报道的那么不堪；所谓“垮掉的一代”是否言过其实，等等。关键不是儿童给出了什么答案，而是儿童证明其回答的理由。其中，不仅从给出的理由中看到他们的道德认知水平，而且也由推理结构中体现出他们的社会认知水平。(2)两难问题判断。无论采用哪种途径，批判性思考技能都不能缺位。良好的道德品行，不完全依靠情感的激发，但一定依赖有见地的独立思考。合格的公民必备知识与技能，而这些知识和技能，一样不应该只由情感支配，而应该基于理性批判的涵养。简单地说，批判性思考是建立在有见地的看法基础上的独立判断。它有助于培养公民有主见的质疑和接纳的态度。有主见，需要广泛的社会实践和自信的社会责任感。独立思考则要求学会倾听，并在充分整理材料的基础上大胆地假设和置疑。作为社会参与模拟形式的教学参与，在培养学生批判性思考方面，应做到：(1)辨认什么是事实。在教学过程中，对问题提出质疑，并进行自我判断。然后，要知道根据事实发表意见，既不做臆断，也不盲从别人的意见。(2)知道如何利用和选择信息或资料。只有在掌握了辨别信息的一般方法后，解决问题的自信心才会随之增加。(3)反对偏见。偏见既包括对公平、公正、诚信、和平、科学、民主、自由等人类共识的价值观念的轻蔑或否定，也包括过于坚持自己的观点，反复宣传自己认为的真理，而不是倾听、尊重和宽容他人以及他方面的观点和真理。

案例指引三：海因兹偷药①

欧洲有个妇女得了癌症，生命垂危。医生建议她的丈夫使用最近由本城药剂师发明的一种药品治疗，这种药虽然含有镭，但或许是唯一的希望。因为制作这种药需要很多钱，药剂师索价的药费也很高，是制药成本的10倍。为了给妻子治病，丈夫海因兹到处借钱，最后还是有一半的钱凑不上。他只得求药剂师，“我的妻子快死了，求求你便宜些卖给我吧。或者先赊账都行。”“不行，我发明药就是为了赚钱的。”药剂师回绝了他。不得已他在没人的时候撬开了药店，偷走了药。

判断：他应该这么做吗？为什么应该？为什么不应该？法官该不该判他的刑？

(二)教学效果的检测

评价学习效果是教师分内的事。通过观察和反馈，教师不仅要知道学生达到了怎样的学习程度，同时也对自己教学的有效性进行了评估。所以说，就学而言的评价，就是教的效果。下面仅从教学设计和教学方法两个方面，提一些建议。

1. 对教学设计进行评价

教学设计是教师预设的教学方案，它并没有一个终结性的程序。就品德与社会而言，更关注对课堂行为和学生教学参与度的评价。前者可以从教学过程(对标准的应用、教学目标、内容处理、资源的选择与利用、效率与效果)、教学策略(准备情况、组织成效、方法应用、纪律维持)、评价类型(目的、调查、观察和询问、访谈、讨论、评价量标)、学生成绩(学习兴趣、疑难问题解决、知识和技能运用、批判性思考)四个维度去评判。更为长效的课堂行为评价，还包括课堂测试(常模参照)、结果报告和运用等内容。后者可以从教学理念(尊重学生、满足需要)、教学设计(基于主题、问题设计、计划实施、教学组织)、教学调整(灵活分组、分层学习、学习中心、切入点、基于问题解决、时间效率)、合作学习(有效策略、共享方法、生成问题、问题解决程序)等维度去评判。

---

① 科尔伯格(Lawrence kohlberg)是美国著名的教育心理学家，他采用纵向法，连续测量记录72个10～26岁男孩的道德判断，达10年之久。1969年他提出了儿童道德判断发展的3个水平和6个阶段理论，在世界范围内有较大影响。

其实，无论从哪些方面评价教学设计的有效度，基本要素也大致相同，基准是看是否达成了教学目标，立脚点是学生获得哪些成果。或许有些出入的地方，是针对教师的教学经验、某一地方的具体教学条件，确定评价量标的侧重点有差异而已。

案例指引四：自我教学设计达标度的清单

作为评价的量标需要列出具体事项，特别是对新任教师而言，明确教学设计达成标准，并努力实现它，是自身专业发展不可或缺的要求。

(1)你的教学目标是否清楚地表述了学生应该学到什么？(2)你所设计的教学活动是否考虑了学生的需要，这样的活动需要学生付出怎样的经验和智力？(3)你所设计的教学活动确实与教学目标相关吗？学生从中真的能够获得启示或掌握应学到知识和技能吗？(4)你的教学要从哪里开始呢？为什么你会选择这样开始你的教学？(5)你都设计了哪些提问，它们的顺序如何，当教学出现了超出你预想的情况时，你又该如何处理这些提问呢？(6)你准备的指导材料充足吗？它们都是必要的吗？(7)如果你准备使用教学设备，比如电子屏、电脑或投影仪，细节的部分你都想到了吗？(8)如果你准备让学生开展小组学习，是否已有周详的考虑，比如如何分组、你给出的活动时间是否够用、怎样才能指导他们高效地学习？(9)你认为学生需要分层学习吗？如果需要的话，你为不同学习速度、不同学习水平的学生提供了哪些帮助呢？比如，该额外补充些什么资料。(10)你是否考虑过教室环境对学生的影响吗？(11)你需要为学生的纪律格外注意些什么吗？(12)你考虑好教学的节奏吗？你能够灵活地支配教学时间吗？(13)你是否确切地知道教学该怎么结束吗？比如，你将要做什么？你希望学生做些什么？(14)你的教学有充分的备案吗？(15)你考虑好适宜的评价方式吗？(16)你确定自己的教学学生喜欢并积极参与吗？

2. 对教学方法进行评价

诊断教学方法是一种综合的、结构化的评价，因为它需要考虑尽可能全面的因素。如今强调反思性教学，为此，教师经常性地对自己的教学进行审思和判断。这样的做法，保证了教师对既定的教学要求和常规的行动有着清醒的认识，并能够根据教学伦理和职业道德标准做批判性思考。当然，由他者来做教学方法的评价更为客观和周到。

针对教学方法的评价需要点、面结合。点要具体到各个方法的使用效果。比如，运用词汇量标评价阅读方法时，有的教师就把“五步法教授词汇”的步骤作为(向学生简单解释或描述生词或短语、向学生展示生词或短语的非语言描述、要求学生解释和描述生词或短语、要求学生对生词或短语做出非语言描述、要求学生复习他们的解释和描述)评价的参照系。再如，评价讲述故事的细节时，解读框架、特定参加者、特定的时间段、一系列特殊事件、特殊的原因和结果等运用方法，也可以成为评价的参照系，并依此指定更为具体的量标。

常规的教学方法评价，依然把确立教学目标(一般性目标、个性化目标、交流目标)、系统分析(当学生生成和测试假设时，他们已在运用所学知识)①、提供反馈(教师为提高学生成绩所能做的有效工作)②、解决问题(提供解决问题过程模式③；运用熟悉的内容教会学生解决问题各步骤；给学生提供解决问题图示；给学生必要的引导；要求学生解释他们的假设和结论)、做出决定(预计一个优先的选择)等作为评价重点，教师根据专业发展要求可做取舍。

另一个评价重点是建立与教学策略或技能策略相对应的模型和量标。

案例指引五：比较学习策略与量标④

比较策略：比较就是区别事物或概念之间的异同点。相应的课堂练习的建议是：比较是学生需要学习和掌握的一个比较复杂的过程。运用方法：给学生一个例子；用熟悉的事物教会学生比较的步骤；提供图表组织工具；随时给予学生指导。

比较模型：

比较步骤	低年级学生比较步骤
1. 选择你要比较的事物 2. 选择你将要比较的事物的特征 3. 根据特征分析事物的异同	1. 我想比较什么 2. 我想把它们的哪些方面进行对比 3. 他们哪里相似，哪里不同

评估对学生的作用：评价量标是可以用来衡量学生学习效果的一种方法；评价量标可帮助学生评估自己的学习效果。同时，你也可以评估自己使用比较策略的有效度。

比较量标：

比较评价量标	低年级学生比较评价量标
1. 学生运用重要且不明显的特征比较事物。学生能够准确地指出事物的异同点并解释他们对比较事物的全面和透彻的了解。 2. 学生运用重要特征比较事物。学生能准确地指出事物的异同点并解释得出结论。 3. 学生运用事物特征进行比较，但不是最重要的特征。学生的比较和结论表明了他们对所对比概念的误解。 4. 学生用无意义的特征比较事物。学生的比较和结论表明了他们对所对比概念的很多误解，说明学生并没有理解事物。 5. 信息不足，无法判断。	1. 学生运用事物的重要特征比较事物。这些特征不容易觉察。学生准确地指出两者的异同点。学生能够讲出他学了什么。 2. 学生运用重要的特征比较事物。学生准确无误地指出事物的异同点。学生能够讲出他学到的东西。 3. 学生运用特征比较事物，但不是最重要的特征。学生在比较中犯了错误。 4. 学生运用不重要的事物特征进行比较。在比较中犯严重错误。 5. 学生不愿意进行比较尝试。

① 给学生提供过程演示模块；运用熟悉的内容教会学生系统分析各步骤；向学生提供系统分析图表组织法；给学生必要的指导；要求学生解释假设和得出的结论。

② 运用标准性反馈和解释；运用自评反馈模式；要求学生互相反馈；要求学生自我评估。

③ 问题就意味着障碍和限制。在解决问题时，学生必须生成和测试他们预期有效的方法和假设。

④ 罗伯特·J. 马扎诺等著．有效的课堂：教学手册．北京：教育科学出版社，2008：3～10.

总之，评价教学设计和方法，能够使教师及时调整教学的无效部分。由于它们的评价视野宽阔、视角多样，如果再有较好的定量分析过程，全面可以标定品德与社会课程的效率、效果和效益。

二、有效预设与生成①

品德与社会的教学设计多种多样，无论哪种教学设计都会受到各种因素的影响，尤其不能与国家的教育政策、法规冲突。其他的因素，教师可以借助个人素质加以平衡。新课程强调教师树立课程观，进一步明确了国家课程、学科课程、学生课程以及国家课程目标、学科课程目标、教学目标之间关系和要求。其中一个重要的目的，就是实现有效教学。而有效教学的落实，在适宜的教学设计。也可以这样说，适宜的教学设计所包含的适宜的教学方法，是实现有效教学的前提和基础。

(一)教学设计类型

品德与社会常规的教学设计有三种：(1)基于教学单元的设计——体现教学的系统性和整体性；(2)基于学习主题的设计——反映教学的针对性，预设教学的实效性；(3)以课时为单位的教学设计——实现教学的有效性。通常情况下，品德与社会的教学设计都要比其他学科的教学设计复杂，除了课程的综合性特征外，主要源于基于儿童生活的课程理念。所以，它要求教师在教学设计时，格外地谨慎和周全。要知道，教学设计的参照系统不同，通向有效教学的路径也不同。

案例指引六：设定教学计划的流程②

无论运用哪种教学设计方式，都需要一定的操作流程，而且有效教学的操作流程有着某些共同要素。下面这个例子从教学计划的角度，为教师提供了如何有效实施教学的路径。

1. 基于教科书的教学设计

这是传统的教学设计，由教师根据教科书内容预设好教学的程序。特点是依照教科书安排教学内容和重点，而且在教学中不会改变已有的设计；它不会提供可选性的学习主题，学习资源也以教科书为主；它也考虑学生的差异，如选择教学难点时，但实际做到的很少见；它的教学方法以讲述见长，依赖教师的个人素质和良好讲授技能。它的优点是能够取得较高的效率，教师可以做到完全控制教室局面，甚至学生的讨论时间，提问与回答的范围，都在事先预想准备且严格执行，上课只要按部就班就好。当然，也有教师尽可能地使教学意义化，但那需要更高的个人素质

---

① 这部分内容曾在《品德与社会课程标准解读及教学指导》(北京师范大学出版社，2012年)一书的第四章有详细说明，本节仅作为教学设计整体内容的重要环节强调其重点。

② 威廉·威伦等著．有效教学决策(第6版)．北京：教育科学出版社，2009：139.

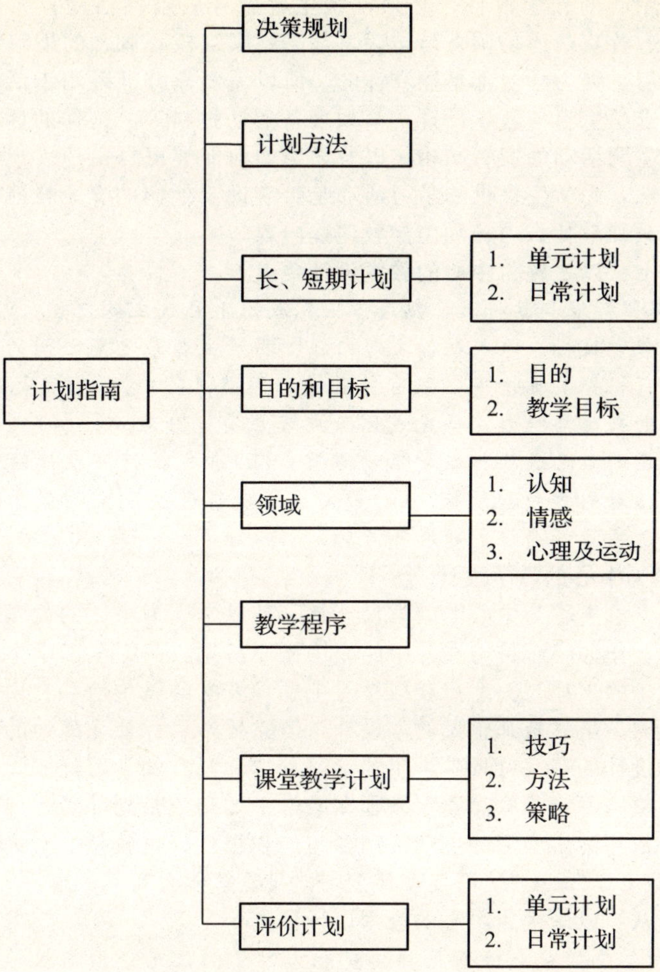

和素养。事实证明，多数教师只能欣赏这类教师的功夫，而不能真正学到他们的本领。

2. 以主题为中心的教学设计

以主题为中心的教学设计，一般是遵循教科书已经规划好的主题，结合学生实际生活以及可支配的教学资源，围绕主题有层次、系统地设计相关的教学内容和活动。它与以教科书为中心的设计相比，不依赖教科书而是依据课程标准、学生现实生活、学习现状以及实际的教学条件等，综合地考虑主题的学习效果和效益。当教科书设计的主题内容与课程标准要求偏离或不够充分时，教师便会放弃教科书；当教科书设计的主题活动与学生的现实生活、学习现状以及实际的教学条件差异过大时，教师同样放弃教科书。总之，这种教学设计强调凸显教师自己的教学个性，不要求预先完整地设计教学环节和在教学中进行严格的教师指导。

以主题为中心的教学设计，必须围绕主题展开表现性活动。无论是讨论、演说、角色扮演、游戏，还是调查与访谈，都需要围绕核心概念的理解并依次展开若干子概念的学习。因为学习都是探究性的，所以需要充分准备用于活动的指导资料和资源。它要求学生参与教学设计，诸如准备活动材料等。这样的话，教师的教学方案呈现的是主题活动的逻辑结构，以及学生如何能够更自由地表现自己的观点或看法的指导方法，为学生提供的学习活动是否有助于他们的交流技能的理由等，而不是详细规定教师教什么内容和怎样教这些内容。

案例指引七：以主题为中心的教学设计要点

(1)研究课程标准和教科书，熟悉必须完成的单元或主题内容；(2)制订单元教学目标和主题教学目标，深入把握主题内涵、明确主题与主题之间的关系，以便实施教学设计时可根据实际情况，做有针对性的调整；(3)对学习主题要有自己的理解，针对学生的兴趣与能力，补充或删除内容应有充分理由；(4)决定主题的教学时间，计划自己的教学进度和教学活动思路；(5)准备教科书以外的多种教学资源以及评价教学活动的方式和量标；(6)确定自己能够营造民主的教学氛围，以一种轻松的教学步骤，紧紧围绕主题展开活动。

3. 以学生为中心的教学设计

严格地说，以主题为中心的教学设计是一种以学生为中心的教学设计。不过它还是有条件的，比如，教科书在其中的作用显而易见。而完全以学生为中心的教学设计，仅从学生的兴趣与关注点获取学习主题，教学的民主性和自由度很高，活动设计的弹性更大。虽然教师也做教学设计，但除教学目标外，其他的部分并不能完全确定。教学设计的基本背景是学生的学习兴趣和已有的学习经验，教师给出的是学习路径和解决问题可能的思路。教师在教学中的角色是指导者，展开学习并达成有效教学，要依靠学生学习的主动性和参与的积极性。也就是今天人们常说的，变“我在学”为“我要学”，变“你需要学什么”为“我要学什么”。

案例指引八：以学生为中心的教学设计要点

(1)基于对学生的社会性基础和接受能力的了解，充分预期教学成效，包括结合课程标准的规定，确定总体目标与具体目标；(2)清晰地把握学生的生活背景，使他们有投入学习主题的愿望和积极的动机；(3)由问题切入主题，最好能够准备一些容易激发学生学习兴趣的简单问题，逐层展开探究性学习活动；(4)运用多种方法鼓励学生自己提出问题、设计问题和解决问题，并写出关键技能的学习步骤；(5)预想学习活动中可能生成的部分，并写出应对措施；(6)利用个人学习合同、个人学习资料和学习计划等方式，鼓励学生展示他们的知识和技能，并实现个性化教学；(7)尽可能在教学活动中，把阅读、写作、角色扮演和其他有创造性艺术活动结合起来。

(二)单元教学设计

即一组有意义的彼此互相联系的学习活动。它由若干有目的、有程序的活动组成，并以一定的有意义的经验获得为中心。单元的组织方法是从不同的侧面去说明、理解一个完整的主题。在教学中，单元有规范学习环节、有序指导的功能，对实现教学目标，达到有效教学具有独特的作用。

一般认为，单元具有如下特征：(1)它是一组完整的、有意义关联的学习活动；(2)它明确了学生从什么地方开始学习，到什么地方结束学习的界限；(3)它明确了学习范围，并对学习目标具有指向性；(4)它可以增强学生了解环境和控制环境的能力；(5)一个单元中的学习活动必须是重要的；(6)一个单元可以包括不同学科的学习内容；(7)它对学生必须掌握的学习方法有指导作用；(8)它规定学习评价的标准。

在品德与社会教学计划中，单元是由若干高度相关的学习内容组成的。因为这些内容从不同角度构成完整的学习单元，所以在多数情况下，单元与主题并没有明确的区别。

1. 确定单元学习所需的指导材料

教学设计的第一步是调查用于单元学习的资源，它直接影响到学习活动方式的选择。这些资源包括校内资源，诸如图书、影像、图片，也包括学生资源乃至社会资源。俗话说，巧媳妇难为无米之炊，准备和分配资源是有效教学的必备条件，特别是针对单元教学而言，资源贫乏可能意味着教师无计可施。

当然，这里说的调查，既针对规划怎样的学习活动，也重视用于学习知识、发展技能的方法。调查是确定单元学习的一种技术。目的是产生有计划性和组织程度更高的教学设计。它服务于以下两个教学设计步骤：制定教学目标；计划教学顺序。

2. 设定教学目标

单元教学目标呈现学习主题的基本任务，明确必须落实的事实、概念、原理等方面的知识，以及探究、发现、解决问题和批判性思考方面的技能。如果说品德与社会在这方面与其他学科课程有所不同的话，就是品德与社会更强调情意目标成就，即它不是仅从点上处理学习内容——着眼于在 40 分钟内该教什么，而是从单元或主题的角度，整体地把握学习内容——围绕核心或基础概念整合学习内容。教学的目的是学生掌握所学的内容，而教学目标则首先是学生学到什么。这也是单元教学目标与教学目标的区别所在。简言之，单元教学目标是表述较为宽泛、总体性的教学期望。比如，在资料搜集中，能够运用简单的研究技能；理解人类为维持生命必须满足基本需求；意识到决定是建立在个人价值定位基础上的；在小组中学习，应尊重他人的见解和情感等。而教学目标必须建立在学生能够获得具体的知识和技能。

没有明确的单元教学目标，教学目标极易零碎，教学效果或许能够点上开花，但要作用于学生的真实行为则较为困难。要知道，如今品德与社会的课程设计采用主题构成学习内容框架，多数的教科书体例也是主题式，一个学期的教学内容用三、四学习主题就概括了，以每周 2 课时计算，每个单元大致配备的教学时间是相对明确的。如果教师没有单元教学计划和目标，而是习惯于教一课书备一课书，不仅单元或主题会失去意义，就连应有的知识和技能学习效果也会大打折扣。所以，从单元入手做教学设计是应该且必需的。

3. 找到教学与学生生活的关联点

品德与社会教学不应该走一般学科教学的路子，它以主题的方式呈现学习意义，围绕主题接受、阐释乃至运用批判性思考习得品德的、社会的核心观点或概念，再由核心观点或概念建构知识，并促进良好品德的形成和社会性发展。品德与社会的教学突出事实的特点，使得教师精心选择和组织反映主题的事实(无论是故事还是学生的生活事例)成为必不可少的教学准备。唯有在主题中清楚地把握事实，学生才能通过教学中学到的技能发展行为能力。不过，主题所要求的事实，若没有学生经验和生活背景，便容易陷入枯燥无味、难以接受的老大难境地。比如，认识法律的主题，只讲法是什么等原理性知识和仅用粗略的举例，学生很难理解和接受。而选取学生日常生活中的具体事实或事件，从澄清规则的概念入手，就容易取得好的教学效果。

4. 关注"作业单元"

这里的"作业"，是指为了积累和满足学生的生活经验所进行的操作性学习活动。在教学活动中，教师可以根据主题内容自行设计作业单元，如"我们的学校""我们的社区"中的探究学习、地图学习、模型学习等。其运用方法如下。

(1)准备好学习指导计划。它的常规工作包括：制定学习指导目标、学习内容与活动、学习指导的要点以及课程资源准备等。

(2)把握学习指导策略。因为以儿童生活为基础的课程理念，主要是从经验主义教育理论出发的，所以它强调通过"做的体验"来唤起学生对学习内容的兴趣和关心，并把解决问题作为学习活动的中心，强调学习活动既要有益于学生生活经验的积累，也要有益于丰富他们的社会经验、深化他们的社会认识。也就是说，教师能否了解学生的兴趣，能否唤起学生的好奇心，能否立足于本地区的生活，能否有效预设学习问题，就成了教学有效性的必备条件。同时，为了获得良好的学习效果，还必须将同一性质的学习活动自然地贯通成一个整体，并使蕴含其中的价值趋向贯穿始终。

(3)多角度地选择和组织学习指导材料。品德与社会并不按照学科知识体系组织学习活动，而是针对学生的现实生活，以解决实际问题及在解决问题的过程中学得技能为目的。因此，要求教师的指导必须在尊重学生的经验和能力基础上，应该具有新意。这样，教师的教学设计能力，主要表现在如何处理好以下三个问题：一般性的教育内容与地域特色之间的关系；单元学习目标与学生的实际经验之间的关系；具体的学习内容与学生的实际能力之间的关系。

案例指引九：品德与社会单元教学设计样例

单元题目：________　　　　　　　　　　　　　　　　日期________

主题名称			
时间分配	主题1：	主题2：	主题3：
单元目标			
主题目标	主题1： 主题2： 主题3：		
单元结构			
学生经验概述			
主要活动及理由	构建的活动：	口头与书面表达：	表演活动：
关键功能和词语			
预想结果			
单元教学资源	补充资料：	视听资源：	社区资源：
	与相关课程或校园活动的联系：		

（三）教学生成

唤起学生的好奇心，是教师的一贯职责。一些教师非常注意让学生清楚地了解品德与社会究竟是一门怎样的课程。比如，利用教室张贴各种品德与社会所需的图片和资料，利用定期的壁报和专题汇报展示品德与社会成果，创办与品德与社会学习主题相关的学习角等。这些事并不需要教师亲自去做，而是引导学生去发现、产生创意，并以自己的方式展示学习内容。那么，这与教学生成有什么关系呢？起码有一点是不可忽视的，即学习环境可以随时激发学生产生有质量的学习兴趣。然而，课程规定的学习主题，不总是和学生的生活直接发生关系，特别是现今大多数的教师还不能脱离教科书教学。另外，品德与社会中有相当一部分内容是核心知识和技能，也不是都能通过学生生活就能认识和掌握的。达成品德与社会的课程目标，需要一个相对稳定且持久的学习环境加以熏陶，教室环境是最重要的组成部分。

品德与社会的很多主题具有模拟社会交流的功能。品德与社会的教学与其说在学习学科知识和技能，不如说是为学生提供透视社会、练习交往、认识生活的机会。所以，品德与社会教学鲜明地主张以学生为中心。即所谓让学生去构建什么东西，首先要让他们知道要探究的是什么，然后才是如何运用的问题。怎样知道学生已经开始进行探究性学习了？又怎样知道学生能够运用所学的技能解决问题了？最好就是看他们在学习中产生了哪些新问题和新见解，即生成是有效教学的关键指标。

有表现才能做判断。对小学生而言，只有通过他们在教学中表现出来的实际情况和状态，教师才能即时地判断他们的接受和理解程度，才能有针对地实施教学。

1. 问题、经历与活动

好的主题设计都是为了学生积极参与学习活动所做的准备。积极参与学习活动的特征在“我要学习”，而非“给教师学习”。因此，好的教学设计便是好的教学开始。它需要一系列的程序，而且上一个程序连带下一个程序，下一程序以上一个程序的完成为基础。简单地表述这个程序便是。

(1)识别问题并搜集相关资料，开展问题解决活动，诸如阅读、采访、聆听、观看、收集、使用参考书和地图等。

(2)运用技能展开表现性活动，诸如讨论、数据分析、编制图表、角色扮演、写作、举办展览等。

(3)总结、归纳并有效迁移到其他情境。

如果是一节课的话，可以从充分准备、有效率的学习、总结与评价三个部分看教学的有效性。以陈述和小组学习为例。

案例指引十：一节课的教学评估量标

学习活动的类型	活动项目事例	评价量标
陈述	讲述 示范 图表分析 角色扮演 举办展览 给出指导 PPT 主题事件	1. 问题清晰 2. 有助于批判性思考 3. 能够澄清观点 4. 运用交流的技能 5. 与他人分享观点 6. 具有一定的原创性 7. 有多角度的资料 8. 不偏离主题
小组合作	积极讨论 提出问题 分享观念 互相帮助 有效分工 变换角色	1. 运用合作技能 2. 运用社交技能 3. 积极参与 4. 不偏离主题 5. 分享资源和成果 6. 有个人贡献
评价	总结 批判 提问 复习	1. 指向和目的清楚 2. 促进教学达成目标 3. 完善与调整教学计划

2. 预设与生成的统一

凡是教学都有一定的目标，有效的教学就是能够达成目标的教学。从这个意义上说，有目标、有计划的教学都有一个预想方案。作为教师必备的专业技能，做教学设计，就是预设理想的教学环境、程序和效果。问题是，预想也好预设也罢，一旦在实施教学中被看成是一成不变的东西，学生便没有了主动学习的空间。

美国教育心理学家维特罗克(Merlin C. Wittrock)提出生成学习理论(Cenerative Learing Theory)，倡导在弹性预设的前提下，实现师生根据不同的教学情境自主建构教学活动。他认为：(1)学习是学习主体内部的主动建构，不是外界信息的单纯输入。只有将新的信息和已有的知识经验结合在一起，只有将新的信息纳入学习主体已有的模式并获得了具体的意义以后，学习才算真正发生。(2)学习活动是学习主体在已有知识经验的基础上的主动建构过程。人脑并不是被动地学习和记录输入的信息，而是有选择地去注意所面对的大量信息，并主动构建对信息的解释，从中做出推论；学习过程就是学习主体的原有认知结构与从环境中接受的感觉信息相互作用，主动建构信息意义的生成过程。①

为此，教学设计的重点在创设情境，重视自主学习策略和协作学习策略。也就是说，无论是着眼预设下的教学现象，还是强调不预设的教学设计，都要使教学动态化，都要根据教学本身的进行状态决定教学策略。针对刚刚起步不久品德与社会教学，还是重视预设的部分比较妥当，但是需要充分地预设教学的弹性和丰富性，以便教学在参与性、非线性、创造性和开放性方面，与传统的备课完全不同。具体到如何运用生成理论指导自己的教学设计的问题，可以从学程设计、弹性设计和动态设计②三个方面要求自己。

案例指引十一：同在蓝天下③

第一阶段：确立研究课题

一、浏览班级网站，回顾自己丰富多彩的学习生活。(内容略)

二、确立研究课题。(内容略)

三、学生自由组成调查小队，根据自己确定的调查对象，分头行动，并填写小组调查报告，以备交流。(课外完成)

第二阶段：汇报、交流调查情况

一、各小组交流。

第一小组(调查对象、调查方式、调查内容略)

调查结果：我们班有 42 名同学，因为上学期学校拆班，就按照学号从原来三个班抽出一部分同学再加上转学插班生，就组成了这么一个集体。转学来的同学分

① 谭敬德，陈清，张艳丽．维特罗克生成学习理论认识论特征分析及其对教学设计的指导意义．电化教育研究，2009(8).

② 李炜，涂荣豹．生成性教学的基本特征与设计．教育研究，2007(1).

③ 执教者为厦门市思明区大同小学刘玉斌老师。

别来自本市音乐学校、人民小学、曾营小学、松柏小学，还有的来自安南一小，北京海淀区万泉小学。在我们班大多数是福建人，只有张某某来自北京，刘某某来自香港。我们班每位同学都生活得很幸福。在生活上没有特殊的同学。

调查后的思考：很多老师都说我们班同学聪明，但缺少集体荣誉感。我们小组认为全班同学应该按班训要求的去做，“团结进取，拼搏创新”。

（第二小组调查国内贫困儿童，第三小组调查河天小学三年级同学，第四小组调查开智小学的学生，第五小组调查国外儿童生活。内容略）

二、教师介绍制作的网站。

师：每个小组都很认真、积极地用不同的方式调查，了解到不同地区同龄儿童的学习、生活情况，知道同在蓝天下的他们生活各异。老师也收集了一些资料，并利用这些材料制作了一个网页“同在蓝天下”，想和你交流交流。

三、学生浏览网站。

1. 继续了解不同地区同龄人的生活；2. 网上留言，抒发自己的情感（课外完成）。

（宋兆敏老师评析要点：本节课学生的学习主动、积极，体现了主体性与协作精神。关注不同地区同龄人需求和情感是学生自己在学习过程中，用自己的研究观察到的，用自己的心灵体验到的，符合他们的心理特征和认知规律，真实可信。课堂上所展示的学生调查、访谈、收集资料、交流及计算机操作的能力超出了听课者的想象，展现了现代儿童对学习知识的强烈欲望及课程改革带给师生创新的魅力）

三、有效活动与指导

有效教学通过多样化的学习活动来实现，品德与社会教学在这方面具有鲜明的特点。其一，它的课程性质、课程理念和课程构成决定了教学方式以探究、体验和问题解决为主。其二，它相信“习惯是一种顽强的巨大的力量，它可以主宰人生”。（培根语）养成良好习惯，是培养良好品德的前提。唯有使好习惯成为稳定的、甚至是自动化的行为，才能检验品德教育的实效性，品德教育需要导入情境、问题辨析等行之有效的教学活动。其三，良好品德形成和社会性发展，都要求教学的激励技巧、问题设计、活动支持和反馈系统达成相当的水平，它鼓励学生去实际行动的课程。所以，也反对单一的、僵化的、线性的教学方法。

（一）体验性学习活动与指导

1. 什么是体验

体验（experience）的原意是“仍然活着”或“仍有生命”。用来指人的生活或生命世界中那些亲身经历和感受的并发挥着持久意义的活生生的精神内容。通过体验，人与世界融为一体：我在世界之中，世界在我之中。

作为一种人文学科的方法论，体验有别于自然科学的研究方式。它的倡导者德国哲学家狄尔泰认为，人们是生活在体验之中，并通过体验而生活的。体验先于理解，先于与他人的语言交流，也先于反思。体验内在于生活，并表达着生活。对待生活的体验应当将它们看作是有永久内涵的生命，努力使学生理解从这种富有生命的体验中吸取永不枯竭的生命意义。狄尔泰把体验作为他的教育科学的核心范畴，并赋予它方法论的意义。

体验使学习进入生命领域，因为有了体验，知识的学习不再是仅仅属于认知、理性范畴，它已扩展到情感、生理和人格等领域，从而使学习过程不仅是知识增长的过程，同时也是身心和人格健全与发展的过程。

2. 体验性学习

主要表现为：(1)强调身体参与。学习不仅要用自己的脑子思考，而且要用自己的眼睛看，用自己的耳朵听，用自己的嘴说话，用自己的手操作，即用自己的身体去亲自经历，用自己的心灵去亲自感悟。这不仅是理解知识的需要，更要激发学生生命的活力，促进学生成长的需要。(2)重视直接经验。从课程上讲，就是鼓励学生的自我解读、自我理解，尊重学生的个人感受和独特见解，使学习过程成为一个具有个性的过程。从学习角度来讲，就是要把直接经验的改造、发展作为学习的重要目的，间接经验要整合、转化为学生的直接经验，成为儿童素质的有机组成部分，否则，就会失去其教育意义和发展的价值。

3. 体验性学习的主要方式

(1)通过参与访问进行体验学习，是指学生到一定场所去观察理解处在自然状态下的事物或现象，是书本知识学习同实际生活相联系，把感性的知识与理性的知识结合起来。(2)通过调查进行体验学习，是指有目的、有计划、系统地搜集有关学习对象的现实状况和历史状况材料进行学习。可分书面调查和口头调查。(3)通过直接的观察体验。通过观察，学生直接用自己的眼睛、耳朵等感官或借助相应的仪器去感知学习对象，这样有利于学生增加感性认识，获得直接经验。(4)通过虚拟情境的设立，让学生进行体验学习。在学生进行虚拟情境体验时，要尽量使学生从外在的环境和内在的心境两方面都感到自己正处于生活的空间中，而不是处于被安排好的一系列的活动之中，让学生在解决问题的过程中获得对所学知识的深刻体验。

从教学策略的角度看，一般有四个步骤：(1)在课堂内讲授一般的基础知识；(2)到实践中给学生做简单的示范；(3)让学生自己动手操作，提出疑难问题；(4)教师给以解释和启发。

体验性学习在学生掌握知识、开发智能以及培养意志方面，非常有效。但是由于它较耗时间，又受各种条件的限制，对师资水平和教学环境、课时要求较高。

案例指引十二：游戏与体验——友爱残疾人

游戏是具有身心愉悦性质的娱乐活动，也常常以一种非正式竞赛的形式出现。儿童的玩耍、游玩或游艺等都属于游戏。爱好游戏是儿童的天性，儿童可以在游戏中获得各种各样的身心满足，也可以通过游戏中的模仿，开发智力和发展他们的社会性需求。

品德与社会教学经常借助游戏方式，增强课程的有效性。通过角色扮演和创造性活动，游戏可再现社会生活的真实场面或通过历史剧的形式模拟历史场景，其活动的本质就是体验。

活动课题：走近残疾人

活动目标：自助与他助；信任与被信任。

活动过程：(1)让每个学生都蒙上眼睛，在教室里独自一人行走(适当设置障碍)，体验个体的残疾人的无助甚至从心里发生的恐惧感(包括学生自己在内)；(2)全班所有学生一半人扮演盲人，另一半人扮演帮助者，重新体验；(3)全班所有学生都扮演盲人，但需要两人一组，相互帮助；(4)学生们交流扮演的体会。

(二)探究性学习活动与指导

1. 什么是探究

“探究”就是探索、研究的意思，亦即多方寻求答案解决问题，以及探求事物的性质、发展规律等。在英文中 inquiry 一词的意思是质询、寻找。按照《牛津英语词典》中的定义，探究是“求索知识或信息特别是求真的活动；是搜寻、研究、调查、检验的活动；是提问和质疑的活动”。因此，从原意上讲，“探究”就是“寻找”：寻找所需的东西，寻找目标物体，寻找对某一现象或某一疑问的解释，寻找解决问题的答案，寻找符合要求的设计。这是以个人的自主性和独立性为前提的研究活动。

2. 探究性学习

探究性学习即指从学科领域或现实社会生活中选择和确定研究主题，在教学中创设一种类似于学术(或科学)研究的情境。它主张学生自主学习，独立发现问题，并通过实验、操作、调查、信息搜集与处理、表达与交流等探索活动，获得知识和技能，发展情感与态度(特别是探索精神和创新能力)。

与探究性学习相对的是接受性学习。接受性学习主要由教师将学习内容传授给学生；而探究性学习中的学习内容，更强调学生自己的发现和研究过程。和接受性学习相比，探究性学习具有更强的问题性、实践性、参与性与开放性。教学过程就是学生经历探究、获得理智和情感体验、建构知识的过程。掌握解决问题的方法是探究性学习要达到的目标。德国哲学家叔本华说：“记录在纸上的思想就如同某人留在沙上的脚印，我们也许能看到他走过的路径，但若想知道他在路上看见了什么东西，就必须用我们的眼睛。”这番话很好地道出了探究性学习的重要价值。

3. 探究性学习的主要方式

探究性学习大致有实验性研究、逻辑推理任务、基于测量的研究、工程性设计、技术性设计、开发性研究等六种基本类型。应用于教学，其步骤是：(1)提出有效的问题，创设问题情境，引导学生探究行为；(2)给学生充足的探究时空和自由度，经历探究过程；(3)鼓励学生选用合适自己的学习方式去探究；(4)自始至终探究任务一定要很明确，学生就会有意识地参与；(5)指导学生在探究过程中不断提出新问题。教师在引导学生进行探究活动时，不能只考虑教学内容，更要时刻注意学生的探究行为，包括他们的种种偶然发现，突然形成的想法，以便继续进行深入的研究。

案例指引十三：支架式教学——传记探究①

为学生建构对知识的理解提供一个概念框架。支架教学设计的主要内容是根据一定的教学策略，在学生最近发展区内设计合适的“支架”。支架的作用在于通过为学生事先做好部分工作，帮助他们超越已有的能力水平。

教学目标：通过阅读一篇人物传记，分析传记人物的生平事迹，从而归纳出成功者的一般特征；自主写作一篇类似的传记；以网络资源为环境，促进学生自主探究、自主发现。

教学过程：(1)运用“先行组织者”②教学策略，设计“接受支架”。如设计一个“接受支架”时间图表。

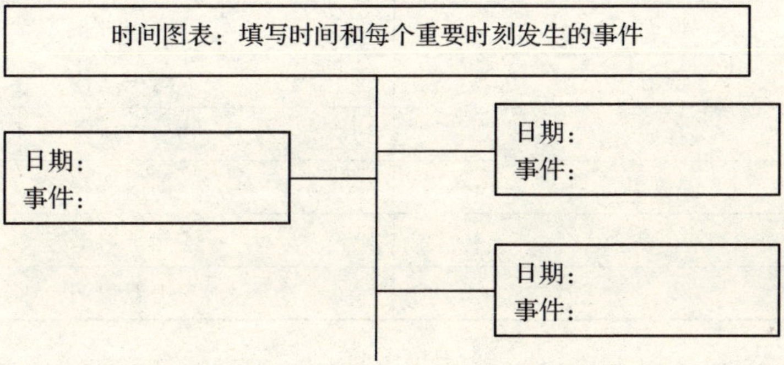

了解传记人物获得成功的原因，有必要分析不同事件之间的因果关系，使学生进一步发现隐藏在传记信息的“内在结构”。“转换支架”——因果关系。

因果关系：人生中经常会遇到事情发生的连锁反应现象，请在下图填写传记人物一生中遇见过的这种因果现象。

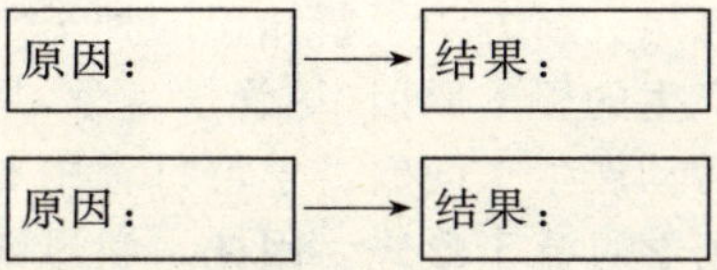

设计者提出“成功者的 10 个优良素质”：注意力、有准备、有信心、创造力、好奇心等，并给出解释；链接第二个“转换支架”——良好素质表现，要求学生通过传记的阅读理解，提供支持证据。当学生在两个转化支架帮助下，完成了学习任务，便会超越他们的“实际发展水平”。

① 美国学者伯尼·道奇设计。WWW.360doc.com/content10/0919/14/907138－54845565.shtml.

② 指运用说明性先行组织者、运用叙事性先行组织者、教会学生略读先行组织者、运用图示性先行组织者。

(2)利用自我反馈教学策略，设计“接受支架”。

了解阅读理解的教学设计是否实现预期的目标。一般方法是通过学生自己反馈，知道掌握传记文体的基本要素和所表达的情感、态度。于是探究性学习过程进入第三步——传记写作。比如：

	我做什么	如何做
1	研究和写作	运用传记写作工作，研究和写作一篇传记(或提纲)。
2	修订和编辑	阅读帮助写作的要点，修订自己写作的传记。

为了帮助学生掌握专家写作工具，应给出具体内容和运用步骤。如下图所示，其中的每个标题都链接一段文字。

传记写作工具	帮助写作的6大要素
设问	观点和内容
学习	组织结构
合成	表达
讲故事	词语选择
	句子通顺
	一般惯例

(三)问题解决学习活动与指导

1. 什么是问题解决

问题是科学研究的出发点，是开启任何一门科学的钥匙。没有问题就不会有解释问题和解决问题的思想、方法和知识，所以说，问题是思想方法、知识积累和发展的逻辑力量，是生长新思想、新方法、新知识的种子。现代教学论研究指出，从本质上讲，感知不是学习产生的根本原因(尽管学生学习是需要感知的)，产生学习的根本原因是问题。思维活动产生于问题。学习过程中有各种各样的问题，需要学习者去发现、去思考，否则学习流于形式。因此，学习就是解决问题的过程，也是学习怎样解决问题的过程。问题解决一般是指形成一个新的答案或是解决问题方案。

2. 问题解决学习的主要方式

一方面，强调通过问题来学习，把问题看作是学习的动力、起点和贯穿学习过程的主线；另一方面，通过学习来生成问题，把学习过程看成是发现问题、提出问题、分析问题和解决问题的过程。问题解决学习主要有三种形式。

第一，问题导向学习。指学生把自己在学习过程中遇到的一系列小问题作为具体的学习目标，并围绕它们输入相应的知识，最终实现总的学习目标。这样，学生在整个学习中就始终是处在问题的引导下，是带着问题去求解的。

第二，设问推敲。指学生对当前正在学习的知识，问问为什么，推敲一下它是否真的正确或建立在科学的基础之上，也就是在知识输入的同时，伴之以同步的设问推敲。设问的形式通常有以下几种：(1)比较设问。从比较中发现差异，找到疑问；(2)反问设问。从认识的反面提出问题；(3)推理设问。按照逻辑推理，看看是否可以讲得通；(4)变式提问。改变原因、角度、条件等因素，是否会发生变化；(5)极端提问。把事情推向极端，看看暴露出什么样的问题。

第三，逆向分解学习。指学习者从问题反向入手，运用反向思维，揭示事物的矛盾并做分析，从而逐步得出解决问题所要求获得的正面结论。美国教育学家杜威依据反省思维的特质，分析人类思考的过程有以下五个步骤：(1)苦难或问题的发现；(2)确定问题的所在和问题的性质；(3)提出各种假设，也就是各种可能的解决方法；(4)批评考察所提出的假设，选择一个合理的假设；(5)假设经试验证实而成立为结论。以上的逆向分解学习就是这一思维过程的运用。

问题解决学习的主要优点，在于使学生的思维具有明确的目的性和方向性。问题解决学习是辩证的科学的学习方法。因为，问题总是以一定的知识为前提，并产生于学习者已知与未知之间出现差异或矛盾的基础上。解决问题就是要在未知与已知之间做出联想，建立严密的逻辑体系，使已知成为理解未知的根据和源泉，未知成为已知所引申发展的必然结果。因此，问题解决学习可以使理解和掌握了的知识结构扩大而形成新的知识结构。

问题解决学习需要教师的指导，指导学习的关键在于帮助设计问题的巧妙。教师在确定问题时，要明确三点：问题是何种类；问题处于何种位置(问题的内容、问题的空间位置、时间位置)；问题的价值(为何成为问题)，把一事物当成问题的尺度和标准是什么。再具体些说，教师应该注意：(1)优选问点，问在知识关键处；(2)提出的问题要逐层推进，难易适中；(3)选准提问时机；(4)设计的问题要多层次，适应学生的差异；(5)设计的问题要明确，有信度；(6)最后，学生要自我反思一下自己学到了什么，自己在学习活动中做了些什么，自己是怎样调节自己的学习的，如果自我评价是否定的，那就要考虑以后如何改进。

案例指引十四：抛锚式教学——奥运会①

抛锚式教学是基于真实事件或真实问题的互动式学习。教学设计中所确定的真实事件或真实问题，被形象地比喻为“抛锚”。“抛锚”的过程一完成，船也随之稳定下来，即整个教学内容和教学进程都被确定，这是比较典型的以学生为中心的教学设计。

案例概述：这是澳大利亚的门尼·彭兹中心小学安德莉亚在六年级实施的教学，全班30人。主题是奥林匹克运动会。

学习计划：(1)鼓励学生认为主题拟订若干课题，如奥运会的历史和澳大利亚

① WWW.zhixing123.cn/shijin/16243.html.

在历次奥运会中的成绩等；(2)确定与主题密切相关的真实性事件或问题作为学习的中心问题；(3)确定媒体在解决问题过程中的作用，并要求学生用多媒体形式直观、形象地把自己选定的问题表现出来；(4)在图书馆和网上找资料，其中，米切尔和沙拉两位学生还根据找到的资料做了多媒体视频资料片。

活动过程：在播放资料片之前，教师提醒大家观察和分析软件表现的内容和特点；播放后即可进行讨论。

生1：从奥运会举办的时间轴线看，奥运会是每四年举办一次。

生2：我不同意，例如1904年、1906年和1908年，都是两年一次。

生3：1916年、1940年和1944年没有举办奥运会。

师：为什么这些年份没有举办奥运会呢?

生：可能发生了重大的事情，发生了战争；1916年是因为第一次世界大战，1940年和1944年是因为第二次世界大战。

经过大家讨论和协商，认为有必要对米切尔和沙拉的多媒体视频资料片做两点补充：说明第一次世界大战、第二次世界大战对奥运会的影响；对奥运会历史初期的几次过渡性奥运会做出特别解释。

生：应把希特勒的照片放上，我们应该使用一些真实的照片，反映第二次世界大战给人民带来的巨大灾难。(教师表示赞成)

评价：教师的单元教学设计，首先让学生通过多媒体软件建立一个有关奥运会某个学习课题的情境，并以奥运会历史或澳大利亚的参会成绩这类真实性事件或问题作为“锚”(学习的中心内容)，激发学生的学习兴趣和主动探究的精神，再通过讨论活动，逐步加深理解。

在这个活动中，学生始终处于主动探究、主动思考、主动建构意义的认知主体位置，但是也离不开教师事先精心准备的教学设计，以及在协作学习中画龙点睛的作用。教师在整个活动中的话很少，却对学生建构意义帮助很大，充分体现了教师指导作用与学生主体作用的结合，突出了建构主义情境、协作、对话和意义的特点。

(四)合作学习活动与指导

1. 什么是合作学习

合作学习是相对于“个体学习”而言的一种学习方式，即学生在小组或团队中为了完成共同的任务，有明确的责任分工的互动性学习。

合作学习是新课程体系下学生学习的基本组织形式，作为一种专门的学习方式，它指的是以小组为单位开展的小组合作学习，通常是要求同伴之间的合作甚至与教师之间的沟通协作。合作意味着鼓励学生把相互帮助作为目标，把其他人看成潜在的合作对象，而且把合作当作和竞争与独立并列的经常考虑的问题。显然，合作学习不只是一种学习方法。

合作学习起源于20世纪70年代的美国，是对传统的教学组织形式以及刻板的班级课堂授课制的反思。合作学习有助于培养学生合作的精神和竞争意识。作为推进课程改革的一种手段，合作学习一方面改变了传统的灌输式或者师传生受的单向式教学方式，实现教育对学生的人文关怀；另一方面，它有助于培养学生与时代需要相吻合的自主开放创新的性格特点，实现个人的社会化。

2. 合作学习的主要方式

合作学习主要有以下几个方面的要素：(1)组间同质，组内异质。这是小组合作学习的基本分组原则，通过组内异质达到组间同质，保证组间竞争的公平。(2)设立小组目标。学习目标为小组而不是为个人设计。这样，改变了班级授课制条件下偏重竞争的课堂气氛，形成合理的组内互教互助、组间公平竞争的良性机制。使小组内成员形成“利益共同体”，只有在小组的其他成员也达到学习目标的情况下，自己才能达到目标，学习不再是自己的事。(3)实施小组评价与奖励的机制。这是小组合作学习得以顺利进行的动力源泉，在小组奖励面前，每个成员都尽力为集体的成功而工作。使得小组成员之间不是你输我赢的关系，而是大家输大家赢。(4)个人责任的明确。每个人必须对自己的学习负责。通常通过两方面确保责任到个人：一是将小组任务分解到个人，使每个成员都承担小组任务的特定组成部分，一个人完不成任务，不仅影响自己的成功，也会对小组或全班带来不利影响。二是在单元检查、小测验和竞赛中，不再允许依靠组内其他成员的帮助，每个组员必须靠自己的力量完成测验。(5)均等的成功机会。在小组合作学习中，每个学生都可以做得很好，成功的机会是均等的。小组合作学习经常采用“个体提高分”的计分方式：个体本次测验的分数比上次测验高出来的分数，保证小组所有成员无论成绩优劣都有成功机会。

合作动机和个人责任，是合作学习产生良好教学效果的关键，合作之前要培养学生积极互助心理，勇于承担个人责任与义务，拥有良性面对面互动，拥有好的人际关系及小组合作技能，并且会经常性地进行团体反思等解决问题行为。在具体操作过程中首先要激发其学生的兴趣，让他们想合作，这也是一个说服学生合作，营造合作氛围的过程；然后从中指导合作，如小组之间竞争的指导，小组内部合作的指导，让他们会合作；最后还要总结让他们体验合作的成果，乐于合作。

合作学习除了广泛运用于课堂研究和项目设计之外，还应用于角色扮演、课堂讨论等课堂教学中。

案例指引十五：[①]

这个单元由“谁说了算”“民主无处不在”两个学习主题构成。主题一，由导入、调查、讨论、故事导读、联系实际五个递进环节构成教学流程。导入模仿“实话实说”的电视栏目，教师先示范主持人将学生带入调查环节；调查以当场测试的形式，让学生自由表达现实生活中“谁说了算”的例子；给出事先准备的调查表让学生在小组内填写，要求学生能够清晰的整理出自己的观点；故事导读是从学生整理的事实

① 根据相关案例改写。WWW. 5ykj. com/Health/spysh/102788. htm.

中，选择有代表性的事例，通过师生对话使之成为有情境中的问题；最后再回到小组提出优化发言权的建议。主题二，由导入、合作交流、阅读资料、拓展学习四个环节构成。选择重要的时事新闻作为学习中心，围绕合作学习方式展开活动。其中，关注学生通过调查、表达等技能，深化对学习主题的理解。

（评价：教师关注到合作学习的五个因素。一是使教学在教学中自然形成合作要求，有助于他们的积极合作，共同进退；二是合作的任务具体，有助于学生互相帮助、分享成功；三是突出了小组承担的学习任务分量，有助于小组成员积极贡献自己的力量；四是小组之间有交流，有助于大家分享交流技巧；五是对小组学习进程的控制比较到位）

（五）自主学习活动与指导

1. 什么是自主学习

概括地说，就是“自我导向，自我激励，自我监控”的学习。与之相对的是“被动学习”“机械学习”。所谓自主性，指的是个体对自己的活动具有支配和控制的权力和能力。

自主学习的基本特征是：(1)学习者参与确定对自己有意义的学习目标的提出，自己制定学习进度，参与设计评价指标；(2)学习者积极发展各种思考策略和学习策略，在解决问题中学习，而不是简单地获得认知的结果；(3)学习者在学习过程中有情感的投入，学习过程有内在动机的支持，能从学习中获得积极的情感体验；(4)学习者在学习过程中对认知活动能够进行自我监控，并做出相应的调试。

2. 自主学习的主要方式

在自主学习中，当学生遇到困难时，他会主动质疑并向别人请教。在自主学习中，学生希望能成为学习的主人，不希望教师的干预、包办和代替；他希望通过自己的探索和实践来寻求问题的答案。对于每一个问题，他都有自己的见解和看法，他不希望接受既有的结论和答案；他希望教师在需要时为其提供指导和帮助；他需要教育者提供必要的资源和条件；他希望别人给其足够的激励和支持。当然，自主学习与“自学”“自修”又是两回事。“自学”，比如预习，它更多强调是在教师的有意引导之下进行的，譬如引导学生通过“感悟读（整体感知课文）、全程读（全程默读课文）、思考读（带问题读书思考）、鉴赏读（品味欣赏作品的美）”的方式或以“读（朗读或默读）、画（画出难点）、查（查字典或相关资料）、思（思考相关问题）、写（写出段落中心）、问（与同学讨论或与老师交流）”基本步骤进行预习；而“自修”带有强烈的目的性。它们相对于自主学习而言，缺乏的是学生主动性、兴趣性。自主学习体现的是一种新的学生观和学习观。

案例指引十六：从一滴水说起①

本节课力求通过不同的学习方式（自主学习、自主探究），合理的教学策略（合

① 改编自南京市沿江开发区小学邢旻老师的教学实录。

作、对话)，使学生深刻体会、感悟水的重要性和节水的迫切性。

环节一：算一算，议一议。

(1)出示“广而告之”标牌：如果每人浪费一滴水，全国就浪费13亿滴水，相当于浪费了120吨水。(2)再让学生算一算，假如一个三口之家，每月平均用10吨水，这样算，能用多久呢？(3)师：如果大家都不把一滴当回事，或许就会出现这么一天(老师展示枯水景象的图片)，你们知道这幅图的寓意吗？生：人类再不拿出节水行动，地球上的最后一滴水将是人类的眼泪。师：为了不出现这样的惨剧，我们可以怎样做？(小组学习)

环节二：节约用水，人人有责。

(1)播放一段人们日常用水的行为录像。(2)围绕录像小组展开交流，并提出水的再利用的办法。

环节三：节水标志。

(1)教师导入国家关于节约用水的法规；(2)小组活动：你在什么地方见过节水标志？你想把节水标志都放在什么地方？制作节约用水的广告语，不仅警醒大家节约用水，而且告诉大家你的金点子。

(六)比较性学习活动与指导

1. 什么是比较性学习

比较性学习是就某一个问题，集中有关的学习材料，进行对照学习的一种学习方法。比较性学习适用于研究性学习和自学等情况，它包含着阅读、比较、分析、综合等活动，是一种较高层次的学习方式。

它的优点是：(1)可以兼取诸家之长，对问题的理解和认识更全面、深刻。在一本书里还模糊的东西，在读另一本书的时候会清晰起来；在一本书里没有的东西，在读另一本书时可以补上；如此等等。(2)由于各书不尽相同，甚至观念完全对立，这就需要进行比较和分析；从而有利于独立思维能力的培养。(3)比较学习往往是就某一问题的研究而进行的集中学习，所以目的性明确，效率很高。

2. 比较性学习的主要方式

比较性学习的基本过程是：(1)定题。确定学习的课题。(2)选书。选几本有关学习课题的书，这些书应各有特色，具有代表性。不要选大致雷同的书。(3)阅读。只读各书中有关学习课题的部分，不像平时读一本书从头到尾地读。阅读时，要注意互相补充，互相比较。(4)进行比较和分析。对不同或不完全相同的观点进行比较和分析，弄清是非。(5)综合。通过互相比较，互相补充，纠正错误，弄清是非，最后形成综合的观点，并写出综合的读书笔记。

比较性学习的主要类型有：(1)类比法。有同类事物的比较和不同类事物相同属性的比较。前者是确定同类对象的异同点及其本质的一种比较方法。后者是舍弃事物其他特点，只取属性相似之点进行比较。这种方法有助于培养学生理解抽象的概念，发展想象力。(2)纵比法。将同一对象在不同历史阶段的不同状况加以比较的方法，借以揭示对象在历史发展过程各阶段上矛盾的共性和个性。(3)横比法。是把同类对象同一发展阶段上矛盾各方面加以比较的方法。横比和纵比结合起来，既能显示对象本身又能显示差异的历史过程。(4)对比法。是正反比较，能使对立的事物鲜明有力地显示出来。通过对比，形成鲜明的对照。(5)联系比较法。是揭示对象内在联系和相互联系的比较方法。

案例指引十七：我们的学校

活动一：自主选题，确定研究计划。

师生共同交流，拟订比较课题，如今昔对比、周边环境、城乡对比、中外对比等。学生可以自主选题，由每个小组自己制订课题研究计划。还可根据学生自己的兴趣，分组调查、参观访谈等。

活动二：把握进展情况，教师适时指导。(内容略)

活动三：班内交流，分享成果。

(1)小组汇报。小组选定的课题经过组内讨论、资料整理等步骤，形成图表或图画，再推选一位学生代表小组向全班同学说明图表或图画的内容；(2)各小组通过比较，评选表现最好的一个小组，并说明他们的展示为什么得到你的青睐；(3)在上一个环节基础上，自然地产生表现最好的小组；(4)播放教师事先准备好的“我们学校的今昔变化”的影像资料或PPT，进一步加深学生对比较方法的理解，并提升爱校的情感。

活动四：拓展延伸。学生拓展学校比较的范围。

(七)操作性学习活动与指导

1. 什么是操作性学习

操作性学习，来源于行为主义心理学，从其操作性行为反射原理引申到学习领域。操作性行为，指的是任何有机体自发的，能够按照它作用于环境可观察的结果来描述其特点的行为。简单地说，操作性行为，即在环境中运作的意思。但它不是由特定刺激诱发的，它出现的可能性受环境的影响有所增减。比如，教师能够积极回应平时不善表达的学生的发言，并予以鼓励，这样的学生就会在以后为自己争取更多的发言机会，这就是著名的强化理论。强化理论证实，通过及时的积极强化能够使某种学习行为得以塑造。因此说，操作性学习的过程，也是一种心理过程。

2. 操作性学习的关键点

操作性学习的必要条件是需要具备实际操作的材料和工具。所以，在进行操作学习之前，教师应该让学生获得有关材料性质的知识，尽可能具备一点使用这些材料的经验，并学会合理地运用和维护工具。教师应向学生演示操作动作，并使学生能够做到：知道完成作业的全部操作程序；积极投入操作程序的每个环节，既发展独立操作的能力，又要注意到合作完成一项任务的重要性；无论是个人操作完成任务，还是小组合作完成任务，制定制作方案是必不可少的环节。另外，学生的脑力劳动与体力劳动、技能与能力、经验与态度的相互结合，可以使学生进行更深入的、有创造意义的操作性学习。

教师需要注意的是：(1)对操作程序的指导。开始阶段，由于学生对所用材料和工具不熟悉，操作动作不熟练，配合的不协调。教师不应该为了完成教学进度而一味求快，应该及时纠正学生在操作上的不当之处，必要时可以进行示范。中间阶段，学生初步掌握了操作动作或全部操作程序以后，就可能在重复的练习中逐步去掉多余的动作，改变不协调的状况，并对操作效果提出进一步要求。结束阶段，展示和评比作品，总结经验，并使学生能够充分回味操作过程和体会操作结果的愉快。(2)对合作态度的指导。品德与社会的操作性学习，与理科中的操作性学习有所不同，它在着眼学生个体的操作技能、对工具和材料的运用技能外，还强调通过这样的学习方式，培养学生个体对群体的归属感，促进学生的社会性发展，强调合作完成学习任务的价值。总之，它是从品德形成和社会性两个方面，看待操作性学习效益的。

案例指引十八：笔记练习

笔记是学习的重要技能之一。运用于操作性学习的话，一是明了学生记笔记的类型，如抄录、摘记、提出学习要点等；二是将笔记与概括紧密相连起来；三是熟悉记笔记的程序和工具。

对小学生而言，开始时要告诉他们该记什么，培养记笔记的习惯，然后是明确指导他们怎样记笔记，如使用数字序列符号、分段、掌握关键词等。尽管如今的小学课堂很少要求学生记笔记，但在品德与社会练习这一技能很重要，它是好的学习习惯的重要组成部分。比如，记笔记有助于学生集中注意力，有助于找出他们所学内容的最重要的信息，有助于提高他们的书写和理解能力。

教师需要为学生提供笔记样式，提醒学生复习自己的笔记，并把记笔记与学习兴趣和学习态度联系起来。

第四章
做有效的学习指导者

△ 技能有助于行动
△ 习惯是信念的基础
△ 学会自我定位
△ 把握概念善于归纳的意义
△ 书写个性化的行动

引言：将学习技能转化为社会行为

逐步地培养学生的学习技能至关重要。一是技能是继续学习的必要工具；二是恰当的社会行为需要充分的技能支持。只有技能与知识相匹配，学生才能够养成自觉的社会能力。因此，有效的品德与社会课程要帮助学生掌握系统的社会行动技能。

技能意味着做好某件事情的能力，需要教师有计划地对学生进行学习指导。技能是操作性的，也是智力和社会性的。品德与社会特别重视智力（如批判性和反思性技能、基于材料获得观点的技能、评估资料来源的技能等）、合作技能，以及与社会行为相关的学习技能。技能最突出的特征是发展性，即掌握它需要在实践中不断地学习。很多技能要通过较长时间才能学会，但这不意味着你能够完全掌握它，而只是越来越纯熟地应用它。每个人的一生要掌握很多技能，其中最基本的部分在品德与社会中都会涉猎，因为这门课程所针对的学生的良好品德、社会性发展任务，包含着传授社会学习和社会行动技能的责任。

无论是基于儿童生活，还是珍视儿童生活的自身价值，都关乎他们亲近社会的行为，这需要由相应的社会技能来体现。品德与社会课需通过有效教学让学生熟练地掌握技能，更重要还在于实践和使用技能。不是传统的以同样的方式重述，而是尽可能地支持学生为了改善的目的去运用技能。所以，技能的学习不局限于教科书或课堂的范围，它理应联系学生的整体生活。按照《课程标准》的要求，每个学习主题都要为学生提供实践机会，这也是有效教学的重要组成部分。

基于形成良好品德、社会性发展的课程性质，品德与社会的技能学习应该建立把技能转化为社会行为的意识。技能学习不能笼统，为此，第一，应指导学生理解他所学习的技能包括哪些内容，以及为如何运用技能提供范例。第二，应指导学生在运用技能时，核实他们的理解，并能够做出正确的反应。第三，鼓励学生在多样条件下运用技能解决问题，让他们把技能作为最有效的学习工具。第四，为了不断提高使用技能的熟练程度，帮助学生尽可能在多个学习领域、多种条件下继续实践所学习的技能。总之，技能学习不依赖于某个学习主题，甚至也不是单独传授的，它需要融入具体的生活场景和探究性活动，进行仔细的规划和辨别，需要系统地传授、广泛地运用和真实地实践。

一、情感与价值观

(一)激发情感的技能

《课程标准》将情感、态度和价值观目标放在课程目标的首位，原因在于：品德教育是品德与社会的核心；情感、态度与价值观目标是转变品德与社会课程功能的核心目标。在教学中，情感的生发需要一定的情境，并由它刺激学生的心理变化。比如，讲“交通规则”的主题，教师运用图片、录像或由当事人现身说法的呈现情境，比教师自己陈述知识和事实更容易获得学生的情感回应。也就是说，只有将事实与学生的心理体验相互作用，情感才能够产生——对外界的刺激做出肯定或否定的心理反应。当然，这种反应不依赖“激情”的刺激。如果学生对事物的价值特性或事实缺乏基本了解，他们在主观上就不会动真情。如有些教师不明白，为什么学生看到战争虐杀的场面没有产生愤怒、同情而是不由自主地发笑。其中一个主要原因，便是教师仅仅把“激情”作为单一的教学环节来使用，或是过于强调让学生动情感的手段，而没有整体思考情感、态度和价值观目标，让情感成了感动的代名词。

有效教学则要求教师做到：

1. 区分个人情感、集体情感和社会情感，知道它们在教学中的各自位置，以及相互关系。比如，群体情绪、集体荣誉、集体意向等是典型的集体情感；社会道德、社会舆论、民族感情等是典型的社会情感。

2. 知道情感是一种主观反映，有着不可避免的局限性。所以，情感在一定程度上偏离它所反映的客观存在也是正常的。关键是在教学中，不宜为了获得显见的情感效果而刻意去放大偏离，比如，情绪失控、喊口号宣泄。应该以价值理性为基础，时时帮助学生回到事实本身分辨和思考问题。

说到情感，就自然地提到态度。因为情感直接反映人们对事、对人的态度。所谓态度，就是个人对某一具体对象所持的评价和行为倾向。态度所表现出来的赞成或反对、肯定或否定，既是情感的直接表露，也是反应倾向。比如，人们在看到、听到、想到和做到的事情上有不同的判断，我们说是他们的态度不同。品德与社会的教学尊重这样的差异，并据此设计多样的情感体验。为此，教师也在以下方面关注自己的教学技能：

1. 所有的态度都是学来的。比如，对劳动、荣誉的态度。

2. 态度必须有一个特定的对象。此对象可能是具体的，也可能是状态或观念。

比如，对诚信、金钱的态度。

3. 态度形成的过程需要相当一段时间，而一旦形成就比较持久和稳固。

4. 态度是一种内在结构，一个人究竟具有什么样的态度，人们只能从他的外显的行为中加以推测。

5. 态度的核心是价值。态度来自价值。当价值成为态度的对象时才有意义。比如，能够满足学生需要的学习，他们就产生正面的态度。

案例指引一：在学校工作的人们[①]

对学校工作的人有一颗感恩的心。

1. 同学们你们想过吗？如果有一天，学校里没有了他们，会是什么样子？

2. 原来在学校工作的人们对我们是这么重要，他们每天忙忙碌碌、默默无闻，是为了什么？请学生现场调查。你们想过怎样和他们相处，怎样回报他们？

3. 无论是不善表达的工友申师傅，还是侃侃而谈的校长、老师，他们都在为了我们的健康成长，为了学校的发展而努力工作，我们对他们都有一颗感恩的心。（播放歌曲《感恩的心》）

4. 我想，此时此刻同学们一定有许多心里话要说，让我们把自己最想说的写在心形卡上，写给昨天你采访过的人。

5. 同学们，让我们手捧这一张张写满祝福的卡片，连同我们一颗颗真诚、炽热的心去给在学校工作的工友、老师和校长，好吗？

这则教学片段反映了现阶段品德教学的常态。一是重视德目的陈述性方法，接触事实讲道理，但不善于具体分析；二是重视在教学手段上翻新，而且习惯于用仪式化的方式落实教学目标。所以，情感比较浮于表面。至于是否真能通过这样的教学活动让学生学会尊重学校里工作的人们，也值得商榷。其实，针对八九岁儿童的情感世界，没有比体验活动来得更真实的了。

（二）价值观教育技能

1. 价值观教育帮助学生学会选择

价值观教育就是帮助学生学会自我选择、自我决定“什么是该做的、什么是不该做的”，发展学生与自我选择和自我决定相关的社会行动力，并在实践中认可社会共识的行为准则，确立进步的人生信念。所以，学校中的各门课程都或多或少地关涉价值观教育，诸如讲述感人的英雄故事、由艺术作品激发人类情感、以事实探究获得鲜活体验等。这些学习并非只是要学生记住什么，其内含的学习意义恰恰是让学生从中领悟到他们理应接受和认同的价值观念。当然，这不意味着价值观教育通过学习各学科自然地就能发生效益。怎样与他人相处、怎样理解他人、怎样服务社会、怎样扬善抑恶，如何将爱国、公正、宽容、尊重、信义内化为自觉行动等，都需要专门的教育。从价值学(axiology)的角度看，价值已然代表了“任何有益的事

---

① 摘自 shuguang. furongedu. com/new/uploadfile/20109111251249.

物”，那么对何谓“有益”的判断，就一定蕴含着个人认识和情感。所以，无论代表客观性的事实如何充分，都会在暗示着主观性的价值判断面前打上折扣。因为善恶、美丑这类判断，本来与真假的判断就不同。前者是主观的，后者是客观的。前者作为一种认识需要融入情感，后者作为一种认识则必须以事实证明。

据此，价值观教育如果期望将真、善、美协调一致的话，就需要强调自由、决定和对自我价值的选择。理由如下：一是每个人受社会环境、传统文化的影响，即便是儿童处于价值观相对混沌的时期，也有自己的价值观。在教学中因势利导，比强行灌输更易被儿童接受。二是价值观教育的基本功能，在使学生认同人类的共识价值，[①] 并使之能在反映社会的基本定位和增进人类文明方面发挥积极作用。因此，理解学习内容甚为重要。理解不是复制知识和认识，而是自我建构。三是个人的价值观反映对共识价值的解释，它是共识价值在个人生活中的实施，本身就关联着个人对自己生活的选择。所以，能否自由的思考关乎价值观教育的实效性。

让学生理解和认同共识价值，除需要在适宜的环境中接受熏陶外，还要求教师清楚地理解自己的价值观，而且有能力为学生提供学习范例。比如，一个教师不认为学生具有自我学习能力，甚至他自己就是一个对自由的排斥者，那么他的课堂就会拒绝任何对话和倾听。而事实上，品德与社会课却要经常地自我反省：“什么对我是重要的”“对这个问题我应该有怎样的态度”“我是否要考虑别的选择”“我的选择余地有多大”“这事与我有什么关系”“我们为什么要这样做”“我怎么知道他是对的”。教师应该指导学生这样做，教师更应该就此反省自问。

既然课程是以学生生活为基础，教师就必须吃透学生生活展开教学。比如，上课讨论问题要求举手发言，就是养成遵守规则的习惯，在价值观教育方面则在帮助学生树立相互尊重的态度。但在家庭内讨论问题时，常常可以强辩。二者虽然不存在谁对谁错的问题，可是教师必须注意到一点，学校所传授的价值观皆服从于成人的价值观——对大多数学生而言，或许还是他们学习成人的价值观的第一个场所。这样，在学生心智都不稳定的情况下，一是相对严格的学校课程容易向学生灌输成人的价值观，进行“正确的引导”；二是学生因家庭环境、社会环境影响所产生的价值判断，不可避免地与学校提倡的正确引导有所出入。抑或说，学生需要接受理想的价值观教育。学校教育的期望，正是因为学校教育才使学生有内化正确的价值观的可能。引申说，在复杂的社会环境中，学校实施的价值观教育，使得学生的社会生活得以发展。学校进行价值观教育的意义，理应包括面对各种挑战，而不是采用回避和压制的办法使其隔离于社会生活。在课程组织和程序方面，它希望学生的行动，既是可预测的，也是发展的，课程的方向必须与社会公认的价值观相一致；在

---

① 学者们从教育学角度细分出基本价值观、传统价值观、共识价值观、核心价值观等，在《品德与社会课程标准》中，诸如自由、公正、平等、民主、法治、诚实、宽容、尊重、有爱心、尊重、责任、爱国、孝敬、节俭、勤奋等皆有涉及。本文使用共识价值（作为整体的部分是善的）涵盖上述内容以及终极价值（作为整体的善），使用工具价值（为某一目的是善的）涵盖技术价值（在做某事时是善的）等，以简化文本陈述。

教学组织和程序方面。它希望学生的行动，既是自由的，也是自律的，教学的倾向与社会公认的价值观相一致。

为此，品德与社会不能依靠灌输进行价值观教育，越是追求课程的实效性越不能这样做。让学生学会选择对于达成品德与社会课的目的至关重要，它从社会化和独立思考两个方面区别于以往任何的品德教育。前者把学生的社会化和其价值判断水平融为一体，强调基于学生的实际生活发展相应的道德习惯和品质。所谓社会性发展，不仅内在地包含品德发展水平，而且判断良好品德的标准必须落实在学生的实际行为上。后者着眼“良好品德源自个人基本信仰”的理论，它以学生的独立思考为基础。然而，培养独立思考能力，需要组建自己的概念体系，发展独立的信息编码技能。学校的价值观教育只是提供了一些原则性的信息而已，这些信息在帮助学生形成分析和思考技能方面是充分的，但在提供鲜活的事实、特别是按照个人意愿做事的机会方面则不能不笼统。

2. 价值观教育的几个基本技能

品德与社会所要求价值观教育理应具有开放性。它期望一个良好的社会成员首先从课堂上学到寻求一个自由和公正的社会的知识和技能。当然，在小学阶段要尽可能避免过分追求开放而产生价值观混乱，更要排除过分的思想压制，因为学生一旦受到思想压制，他们就有可能因反感而有意排除正确的价值观。我们必须承认，一个道德上成熟的个体一定是独立的、理性的并对自己的行为负责任的。要相信，学生既然能够接受正确的价值观，也同样有能力选择正确的价值观。

价值观与社会文化和意识形态密切相关。在涉及价值观教育时，更不能忽略任何人都有属于自己的一套价值观念的事实。即现今价值观教育中所言的价值，主要针对伦理学和教育学范畴内的价值体系，系指有关人们如何行为才是“正当的”“对的”“好的”或“高尚的”的教育，是有关人们行为正当性原则的教育，因而也是有关培养正直的、真正的、有良好品格的人的教育。① 同时，也是一种有关人类的道德行为能力的养成教育。狭义的价值观教育，等同于道德价值培养。品德与社会课是广义的价值观教育，在内容方面已涉及人生价值观、道德价值观、生命价值观、科学价值观、环境价值观和审美价值观等诸多方面。在性质方面，囊括了意义性价值（或终极价值）和工具性价值（或技术价值）。为此，品德与社会课追求将这类广泛的内容有机结合，致使教学策略显得尤为重要。

近些年，一线教师围绕教科书所做的价值观教育探索卓有成效，诸如换位观、生态观、共赢观、对话观、分享观和多元观的提法，② 既是对价值观教育的意义提炼，也具有较好的操作性。这里仅简要地再强调以下几个方面：

第一，加工生活。前提是将课堂教学适当前展，从学生经验中提取教学所需要的内容。比如，上“一元钱究竟有多重”一课，“组织学生亲历‘挣一元钱、说一元

---

① 石中英．关于当前我国中小学价值观教育几个问题的思考．人民教育，2010(8)．

② 黄元虎．品德与社会教材中的现代公民价值观探析．基础教育研究，2008(7)．

钱、花一元钱'的历程，品味一元钱的价值，懂得'一粥一饭，当思来之不易，半丝半缕，恒念物力维艰'的道理，学会尊重父母，形成正确的金钱观"。课前教师提出活动任务(独立赚取一元钱)、布置活动时间(星期六或星期日)等，学生则自愿组成小组、讨论赚取一元钱的途径等。通过课前体验，生成学习素材，课堂教学不再是照本宣科，而是进一步加工通过体验生成的学习素材。①

第二，价值观引导。创设情境让学生从中得到感悟。强调学生自主讨论、自我表达，鼓励学生以事实为依据进行批判性思考。比如，"时光老人对我说"一课教学设计的第五个环节"制定作息时间表"。在教师指导下，学生能够：(1)制订一份一天的作息时间表，注意和自己上学的时间一致；(2)给自己留出午休的时间，保证下午有足够的精力学习新的知识；(3)别忘了安排一点儿锻炼身体的时间，身体健康最重要。教学中，教师巧妙地化静为动，让学生在教室中"用自己喜欢的方式看看自己一分钟能做什么"，让学生有充分的实践体验，使学生在实践中充分感受到一分钟的重要性。运用多媒体课件，将"时间就是生命"、"时间就是胜利"的道理感性化、直观形象化，让学生一边玩儿一边理解，一边玩儿一边学习观察和表达，学习主体的积极主动参与使教学获得了不错的效果。②

第三，情感体验。指导学生认可自己的实践经验，鼓励他们按照合乎道德标准的原则去做事。再举"一元钱究竟有多重"的例子，"品味一元钱"，学生讲完各自的故事，教师询问他们的收获，并思考本次活动的最大收获是什么，然后进入下个环节"花一元钱"——把你辛苦挣来的钱花掉。这时，学生开始舍不得了，但"被迫"还是选择了比较有意义的方式：有的买了学习用品，有的给蹬三轮车的妈妈买了副手套，有的愿意把它捐给希望工程，也有的选择买幅装饰画作为永久的纪念等。显然，一元钱的活动对学生的情感冲击是难忘的。"一元钱究竟有多重"不是教师告诉学生的，不是单纯的经济价值可以说明的，而是学生通过亲身经历体验到亲情的价值、劳动的价值。

第四，价值观证实。良好的品德养成需要人与人之间的感化、需要健康的环境。我们都希望别人是诚实的，但自己未必诚实。特别是在一个复杂的社会中，儿童经常质疑成人的言行不一。或许成人能够为自己的不端行为找到各种合理的说辞，但是儿童很难理解，对他们产生的负面影响的例子也很多。所以，价值观教育常常引入两难问题，一是让学生的学习环境更为逼真，二是创设这样的学习氛围，有助于发展学生的价值观证实能力。简单地说，用学生可以理解的方式感知和讨论价值观冲突，将使他们意识到：(1)社会生活中的确存在着价值观冲突；(2)应该知道或学习他人处理价值观冲突的做法，这是学会做人的一部分；(3)必须理解价值观冲突的潜在原因，探究为了消解直接的，甚至是暴力的冲突的方法。

第五，价值澄清。通过班级等集体生活运用价值澄清策略，诸如为他人考虑、

---

① 张茂聪．品德与生活(社会)新课程教学法．北京：开明出版社，2005：110.

② 张茂聪，魏巍．21世纪中国小学社会科教与学．济南：泰山出版社，2005：125.

对个人行为负责、重视个体尊严，特别是触及像历史这样的事实性内容时，要鼓励学生树立理想，并认识到实现理想的途径是进行不懈的努力。从评估角度说，培养个人的价值观比在集体环境中形成共识的价值观要复杂，所以最好是运用价值观框架去做价值澄清。诸如帮助学生：自由地做出更多选择；在面临选择时，发现可供选择的办法；从重要性方面仔细地衡量可选择的方法；考虑我们必须珍视什么；利用证实的机会；按照自己的选择做事、行动和生活；理解生活中必须重复的行为或模式。经常使用这种训练，会使学生习惯从价值观的角度考虑他们的选择，从而增强价值观意识，并能够深入思考诸如诚实、守信、宽容、尊重等价值观为什么在我们的生活中是不可或缺的道理。

二、空间与时间

(一)地理学习的基本内容

人类活动需要空间地位以及空间意识。人类的交往有一定的空间，其发展也依赖对空间的认识和利用。因此，在人类的基本知识中地理(学)必不可少。所谓良好的品德形成、社会性发展离开地理，一样无从谈起。

地理或确切地说地理学，是研究地球表面的地理环境、各种自然现象和人文现象，以及它们之间相互关系的学科。品德与社会涉及相当具体的地理知识和技能学习，诸如自然地理中人们社会生活环境的空间分布状况、特征以及自然资源的分布及开发利用、人与自然关系等；人文地理学中人口与资源的关系、人口活动与环境污染、生态平衡以及城市问题等，特别是通过家乡的地理环境、现象和事物反映人们的生产活动、生活状况。

地理学习的核心目标是理解人地关系。基本内容是寻找、认识地理环境与人类生存和发展的关系，比如，同一地区所形成的文化的一致性特征，以及该类特征形成的环境条件；不同地区所形成的文化差异，以及它们的空间交互联系等。因此，地理学习不仅仅是帮助学生关注和了解自然、人文地理的一般性特征，了解它们之间的区别，而且是把重点放在了理解某一地区的人类定居如何适应自然环境，并能够解释他们定居此处的优缺点，理解他们在建设自己的精神与物质世界时，与传统以及其他地区人们之间的交互关系等。

地理学习与品德教育的关系显而易见。比如进行国情教育，理解我国是一个自然资源丰富多样而且潜力巨大的国家，但是人均资源占有量低，主要资源地区分布不平衡，如何使资源的地域组合各有所长，现实环境友好、可持续发展，成为有效教学的基本任务。

还有就是掌握必要的地理概念，包括地理名词(如经线、海拔等)、地理名称(如地形名称、政区和居民点的名称等)、地理数据(如表示地理事物空间位置的数据)、地理事物(如地理情况的演变状况和原因)。在教学中，以上内容一般采用地图、示意图、景观图片、模型和现代教育技术等形象化工具来理解。

作为培养空间意识主要课程，品德与社会注重发展学生的地理思维。其特点是：(1)借助地理事物或现象的具体形象进行思维，借助对地理感性材料的描述来进行思维；(2)借助地理概念、地理判断、地理推理反映地理现象的本质属性，揭示地理现象的内在联系，有逻辑性地获得地理认识；(3)关注因人类社会和科学技术的发展，人地关系随之发生的变化。

地理学习可以帮助学生掌握地理方法。大致可分为三类：(1)运用语言的方法学习；(2)运用直观的方法学习；(3)运用练习和实习的方法学习。品德与社会教学强调地理知识的常识性，要求从学生已有的生活经验出发，帮助他们由近及远、由浅入深地学习。其中，地图学习方法又是最重要的部分。

(二)地理学习技能

1. 地图学习技能

地图是用符号代表空间的工具。其特征包括：坐标系、颜色、比例、符号以及解释符号含义的图例。阅读和解释地图的技能属于总结技能(和阅读技能一样)，包含多个子技能。品德与社会教学要求学生能够确定地图的方位(四个方向)，掌握图例，对比例尺有初步了解，了解地图的种类和用途。

案例指引二：平面图

让学生知道识图有两个基本技能：阅读与解释。初次教学时，可以先给学生看形式简单的地图，使之能够充分地了解地图要素。然后，试着模仿这份地图，将最重要的地图信息呈现在纸上。一般来说，只要大致方位不错即可。随后鼓励学生自己画一幅学校或学校周边环境的平面图。

首先，确定“上北下南左西右东”四个方向。其次，按照实际景物划分方位。比如，操场、教学楼、校门、树木、体育设施等，只要他们认为重要的内容都可以画进地图。再次，确认地图上代表真实物体符号——图例。比如，学校用一个小圆圈来代表；医院可以是在圆圈中画个“十”字。最后完成地图，并给它起个名字。

还可以利用照片和图片绘制平面图。更为复杂的学习活动是在实地调查的基础上绘制平面图，有些教科书作为范例介绍了这种方法。平面图的练习需要循序渐进，可以非常简单，甚至不要求学生确认方向，也可以复杂到将山川、河流、厂矿、农田等包括进去。内容可以是一份交通图、旅游线路图等，重要的是让学生运用地图技能，而不仅仅是了解地图。

2. 使用地球仪的技能

了解地球的最好方式之一是通过地球仪。地球仪是地球模型，在它的中心有一根纵贯整体球体的轴，这是一根假想的轴，实际并不存在。这个轴的两端分别是北极和南极。地球仪能够非常直观地让学生们了解地球的自转和地球表面的情况。

地球仪和地图一样是代表工具。但是因为它是地球的模型，所以更便于学生熟悉地球的整体状况，开始形成“全球视野”。另外，它也容易激发学生的好奇心。在教学中，教师应帮助学生全面地利用地球仪。比如，水域和陆地的区别，用不同的颜色来标识；把水域和陆地分开的线称作海岸线；扩展地理概念等。在可能的条件下，应该经常地使用地球仪。因为地球仪能够帮助学生确立实际方向（如把北方视作北极的方向），理解地球上不同地方的相对位置，以及不同区域的大小和形状，而避免产生概念错误。

使用地球仪的技能包括：(1)与地图一样，在地球仪上也用符号代表实际事物；(2)地球仪是地球的模型，它能够最精确地代表地球；(3)地球仪上的任何部分都可以绘制成地图；(4)与地图一样，地球仪上的图例可以确定两地的距离，并说明所用符号的含义；(5)与地图一样，地球仪的基本方位是北、南、东、西，中间方位是东北、西北、东南、西南；(6)地球仪比平面地图更精确地展示了诸如距离、方向、相对位置和绝对位置、地区的大小和形状等信息；(7)与地图一样，地球仪也使用缩写词表示地点和事物；(8)从极点到极点的“地轴”是一条假想的线，地球按地轴从西向东旋转；(9)所有的平面图都有某种误差，因为它是用平面来代表圆形物体。

3. 学习环境内容的技能

环境是我们周围的空间，以及其他一切对人类生产、生活有直接或间接作用的因素的总体。环境的任何变化都会对生活在其中的动物、植物以及人类产生影响。

作为人类生产和生活外部条件的环境，可分为自然环境和人文环境。环境是一个非常复杂的体系，目前还没有形成统一的分类方法。一般是按照环境的主体、环境的范围、环境的要素、人类对环境的利用或环境的功能进行分类。

按照环境要素的属性，环境可以分为自然环境和社会环境两大类，它们彼此交错，关系复杂。

自然环境包括有阳光、空气、岩石、矿物、土壤、动植物等自然要素共同组成的天然环境，即地理环境和经过人工改造的人为环境（广义的地理环境）。可以再分为大气环境、水环境（如海洋环境、湖泊环境等）、土壤环境、生物环境（如森林环境、草原环境等）、地质环境等。社会环境则可以再分为聚落环境（如院落环境、村落环境、城市环境等）、生产环境（如工厂环境、矿山环境、农场环境、林场环境等）、交通环境、文化环境等。

人类同一切生物一样，为了生存活动，都必须从环境中吸取营养物质，还必须占有环境含有媒质（空气、水）的一定空间。人类生存所需要的氧气、水分和食物，多种化学元素等都来自于地理环境之中。人类的生产和生活都离不开各种自然资源。自然资源给工农业生产提供了原料和动力，是解决人类衣、食、住、行等需要的源泉。

人类与自然环境是对立统一的。环境是独立于人类之外的，它按照自身固有的规律运动变化和发展，是并不依赖于人类的一致而独立存在的客观实体。环境和人类是相互对立、互相排斥的。地理环境可以制约或限制人类生存、生产和经济发展。人类和其他生物不仅是环境发展到一定阶段的产物，而且它们的物质组成也应该和环境的物质组成保持着平衡关系；如果这种平衡关系被破坏了，就将对人类造成危害。环境中的各种资源(包括人类)之间，应该处于动态的平衡之中，所以人类在依赖和利用环境的过程中，也必须使自身同环境保持动态平衡关系。人类是环境的产物，一定的环境塑造或影响着人类，而环境又处处打上了人类活动的烙印，因此可以说人类也是环境的塑造者。如果人类能够认识环境的客观属性及其发展规律，在利用自然和改造自然的过程中，就能够趋利避害，引导环境向有利于人类生存的方向发展，使人类从适应环境的地位，逐步地在环境中居主导地位。反之，如果违反环境发展的客观规律，或迟或早都会受到环境的惩罚，产生影响人类生存的环境问题。

人类为了可持续发展所采取的全球性策略。既然人类的生存和发展依赖于环境，诸如新鲜的空气和水，充分的自然资源供给，平衡的物质消费，以及动植物的多样性等，那么人类就没有理由无限制地开放自然资源，以破坏生态平衡和污染环境为代价获得一时的快速发展。

我们看到这样的事实，由于人类大量砍伐森林树木，在森林中生活的动物环境受到破坏，动物物种在不断减少，而且地球森林的大量消失，也给地球气候带来了严重影响；人类的工业化在使人类文明达到前所未有的成就的同时，汽车尾气产生的污染破坏等空前严重。如今，环境问题绝不是一国、一地区的区域性问题，而是全球性问题，所以必须通过全人类的努力才能够遏止环境的进一步恶化，以实现人类文明可持续发展。因此，以环境保护为宗旨的环境教育(environmental education)也在全球兴起。

环境教育是以解决人类和环境的关系为出发点，通过普及环境知识，提高人们的环境意识，并获得优化环境的基本技能，推动人类社会的可持续发展的教育。1972年，联合国“人类环境会议”在瑞典的斯德哥尔摩召开，正式肯定了“环境教育”的名称，明确了环境教育的性质、对象和意义。1977年，联合国首届政府部门环境教育大会在苏联的第比利斯召开，不仅使环境教育进一步国际化，而且使其成为各国政府的一项承诺。1992年，联合国在巴西的里约热内卢召开了各国首脑参加的“环境与发展大会”，成为环境教育的又一个里程碑式的会议。

环境教育的构成要素主要有：对环境及其问题的意识；对环境状况及环境知识的理解；预防和解决环境问题的技能；对待环境的价值与态度。环境保护意识和环境保护知识与技能，则是中小学环境教育的中心课题。品德与社会在这些方面涉及了广泛的内容。比如，“初步了解环境恶化、人口急剧增长、资源匮乏是当今世界面临的共同问题，理解人与自然、人与人和谐共存的重要，体会‘人类只有一个地球’的含义”等。

案例指引三：我家的绿色生活[①]

活动目标：(1)引导学生认识绿色生活，与爸爸妈妈一起讨论如何选择绿色生

① 执教者为安徽省安庆市大观口区海口镇江小学居海燕老师。

活；(2)激发学生对生活的热爱之情和对绿色生活的向往之情。

活动准备：教师的课件；学生事先到超市、市场寻找绿色食品。

二、家里的污染

师：东东同学学习了“我的绿色日记”单元以来，更加关注身边的环境问题了，她从此成了一个保护环境的有心人。可是她没有意识到，还有一个地方更值得关注，就是自己的家。请大家看一段录像。(录像内容展示，东东的妈妈在洗衣物，爸爸边抽烟边看电视，电视的音量很大，东东在强光下写作业，窗外不时传来刺耳的鸣笛声。)看完录像讨论：她家的生活有哪些环境问题？自己的家有没有类似的问题？

三、走向绿色生活

通过讨论辨析什么才是我们需要的绿色生活。

四、绿色食品

五、我心中的绿色家园

这则案例没有过多的雕琢感，用学生熟悉的家庭日常生活切入学习主题，而且结合细节讨论，便于教师组织活动，也容易产生学习效果。但可以在两个方面改进：一是结构不必这么多，特别是绿色食品的部分没有必要单列。如果问题是从“家庭环境污染”开始的，最好始终围绕这个问题展开和深入，否则什么都提到了，学生还是不清楚究竟要做什么。二是走向绿色生活和我心中的绿色家园，也可以合并，落脚点放在怎样的家庭生活才是绿色环保为宜，其他扩展内容在小结时引导学生自己思考，学习效果或许更明显。

(三)历史学习的基本内容

历史学习在品德与社会教学中，占有突出位置。历史事实历来都是培养爱国心的核心内容，而历史观、历史意识等本身就是重要的品德教育。学校历史教育，自20世纪70年代开始不断深化改革，如今“用历史”或“做历史”的观念渐趋成为时代潮流。

所谓“用历史”，就是还原历史教育的本来功能，主张将历史知识活用于学生的社会认识、道德养成和人格发展，其核心内容是“神入”，即借助丰富的历史素材和感知手段，让学生尽可能地站在当时、当地人们的立场，接近其社会生活和内心世界，并做出自己的历史解释。所谓“做历史”，就是将“用历史”的方法追寻历史教育的学科本质，在学习方法与“用历史”并无二致。只不过，“用历史”着眼的是历史课程功能，而“做历史”着眼的是历史课程本质。

无论是“用历史”，还是“做历史”，都是要代替“记历史”的传统学习方法，因为记忆历史不是学习的目的。在基础教育中，历史学习作为公民素养的重要组成部分，要能够有效益，就必须让学生容易理解他们所处的世界，以及这个现实与过去的联系；要能够通过研习不同时空人们的社会生活和道德、习惯等，扩展学生们的社会生活经验；要能够帮助运用历史知识以及从中学的技能，应付复杂的社会关系并增强对优秀文化、优良生活方式的选择能力；要能够为学生们发展校外文化活动提供途径，并发展他们的批判性思考能力。

案例指引四：采访历史人物①

教学目的：发展学生的探究技能、写作技能、倾听与口头表达技能。

教学目标：(1)研究一个历史人物；(2)做笔记；(3)构思一些适当的问题了解某个历史人物；(4)小组合作学习与工作；(5)同学之间相互之间演示采访技能；(6)同伴评价和自我评价；(7)展示听说技能。

学习资源：一些参考资料；人物照片；学生自己制作的麦克风；计算机程序；服装。

教学活动：(1)找一位同学和自己一起研究一个历史人物；(2)阅读参考资料，并记笔记；(3)以小组为单位构思、记录问题并提出参考答案；(4)练习采访；(5)全班同学相互演示采访技能；(6)在教学过程中，进行自我评价或同伴评价；(7)用计算机为某个人物的生活和经历制作时间表。

大家一起尝试：描述对《二月爱国者统一战线》的几次采访；打印并展示时间表。

这是一则美国小学社会科教学案例，它反映了历史教学的几个新特点：一是谁在学历史。既然学生是学习的主体，那么就应该让他们充分展示自己的见解。二是谁拥有历史。既然每个人都有解释历史的权利，那么就应该让学生从小就掌握解释历史的工具。三是无论是摆正学生学历史的位置还是让他们有学历史的兴趣和能力，技能在其中都占有重要地位，因此，学历史就意味着掌握发现历史、解释历史的工具。为此，满堂灌的讲述或死记硬背学习历史的方法，也就死亡了。

事实上，教历史并不是为了改变社会，而是为了改变学生。因此，经历历史、合作互动、自主探究、张扬个性，以及通过各种有效活动构建知识等，就成为现代学校历史学习主张的基本方法。从教育学的角度看，体验性学习、探究性学习、反思性学习、合作性学习、批判性学习和问题解决学习等，在历史学习中都占有重要的位置。如今，品德与社会教学把体验性学习、探究性学习和问题解决学习放在了各种学习方式的首位，从学科教育的角度看具体学习方法内容，主要包括：帮助学生学会按照历史年代顺序思考问题；知道历史存在人们生活的各个方面；思考历史问题要依据真实的材料；知道历史的意义是历史解释表现出来的等。历史学习培养的能力，在小学阶段着重于判断能力和理解能力。

新历史教育主要表现在：(1)历史属于每个人。历史是全人类的历史，它是每个普通人应该得到的人类自然继承的精神财富。任何人或任何机构都不可以剥夺学生学习历史、感受历史的权利。(2)历史是多姿多彩的，历史是丰富的。它是人类文明多彩生命的体现，因此不能够只是学生知道课本上的历史，也不要仅仅让学生知道一种历史，如政治史或经济史。(3)历史是超越时空的理解。历史事件早已随

---

① 赵亚夫，唐云波主编．国外历史教育文献选读．长春：长春出版社，2012：268.

时间的流逝而不可再生，理解历史需要每个学生掌握想象的思维力量，通过超越时空来理解过去的时代，并为增进全球文化的交流，也为培养具有跨国际理解能力的世界公民(当然包含对自己国家历史的认同)奠定基础。(4)历史是在传承与建构中形成的。历史的知识需要传承，所以我们不应该排斥教师或其他人的讲解。但是，历史更需要自我的建构，需要每个人的亲身体验，特别是个人的反思与经历。因此，对历史的解释能力就显得尤其重要。(5)历史是智慧与美的化身。历史吸引人的是它具有无穷的智慧，也因为它勾画出一幅幅人类社会美德或者悲壮、或者伟大、或者雅致的画面。

新历史教育还在以下方面具有突出贡献：

1. 批判性思维。强调发展自主的、独立的思考能力和判断能力。对于低年级的学生通常要求是：(1)尊重事实。学生应首先辨认什么是事实，在这一过程中，对问题提出质疑，进行自我判断是训练的着眼点。然后，学生要知道根据事实发表意见，既不做臆断，也不盲从别人的意见。(2)辨别信息。人们常常因为做判断的材料不足，而下错了结论，也常常因为忽视自我思考，人云亦云地拥护了错误的主张。所以让学生知道如何利用和选择信息，就显得特别重要。当他们掌握了辨别信息的一般方法后，其解决问题的自信心也随之增加。(3)避免极端的结论。

2. 全球意识。这是“全球教育”(globe education)的核心目标。基本含义是：(1)从全球的视野审视人类的价值观；(2)了解全球联系的意义和价值；(3)了解和参与全球性问题及其争论；(4)培养公正的、仁慈的、负责任的、相互关联且可持续的全球发展观念。在国外的社会科教育中，全球意识的基本内容是：①认知和欣赏不同于自己的世界形象；②理解和关心当今世界发生的事情和问题；③了解世界不同地区文化的特征，掌握人类文化的相似性和差异性；④理解国际体系(政治、经济、环境等)的相互作用、相互依存的形式；⑤选择和积极参与解决全球问题的讨论或为其提供策略。

总体而言，全球教育中的全球意识培养，强调的不是知识而是过程。它要求从小学阶段开始，就培养学生形成如下的问题意识：人类的基本需要是什么？人类需要怎样的文化？国家安全除了军事防御之外，还有什么？人类资本的动力除了自然资源、金钱和劳动力作为基础之外，还包括哪些更重要的因素？为什么今天的人类要具备多样性的政治、文化视角？公民个体的责任和策略能力对群体命运有何影响？理解这些问题的基础是历史知识，同时历史知识也必须涵盖这些问题。

3. 国际理解。在全球经济一体化、政治多元化背景下产生的生存与发展观念。即国际理解教育(education for cross-national understanding)，亦称“人权教育”或“世界和平教育”。指通过教育方式增进国民对世界各国，各民族不同政治、经济、文化、学术等各种制度的相互了解，相互尊重与相互沟通，最终实现人权、国际和平与人类共存的目的。

培养公民的国际理解和国际协调精神，当然是品德与社会的重要目标。在《课程标准》中也有具体要求。除此之外，越是开放的社会生活，国际理解涉及的方面就越多。为此，1994 年日内瓦国际教育大会第 44 届会议以“国际理解教育的总结与展望”为主题，重申在当今社会创建和平文化与进行国际理解教育的必要性，提出了一些基本原则。其《纲领》还以历史学科为例，指出：“有些历史教科书过于频繁地传递了一种对‘外国人’的消极印象，使得学生从一开始就将他们视为‘自然的敌人’。”“各成员国应该鼓励更广泛的教科书交流，尤其是历史教科书，并在可能的情况下，采取适当的措施将双边的和多边的协议纳入其中，以利于相互学习和修订教科书及其他的教材，以保证它们是正确的、平衡的、具有现实性的、没有偏见的，而且是可以增强不同民族之间的互相认识和理解的。”联合国教科文组织总干事马约尔(Federico Mayor)在会议的最后敦促说：“我们应当解除历史的武装。历史上有太多的战争，太多的强权、军官和士兵。因此，我们必须为我们的儿童和各族人民提供一种不一样的历史观。”总之，是要在人们的头脑中，建立起一个和平的防御体系。联合国教科文组织特别指出国际理解教育的重要性，并要求学校教育各学科广泛渗透这种教育。

1996 年，提名为《国际理解教育：一个富有根基的理念》的研究报告书，明确指出：国际理解教育的目的在于培养世界公民，其作用在于改善人与人、社会与社会、国家与国家之间的关系，其本质是对人类生存的投资。

显然，国际理解教育旨在培养学生形成从全人类利益、全球观点出发考虑问题的意识，理解国际社会，关心和宽容异国文化的精神，帮助学生超越狭隘的国家主义和民族主义，从全人类进步的视野去观察和思考现实社会所面临问题，同时养成在国际交往中的合作精神，以及与来自不同文化、不同民族或不同国家的各种人交流沟通与协作的品质，缓解和消除不同文化背景可能带来的矛盾或冲突的能力。

案例指引五：许多物种消失了[①]

教学目的：了解人类和其他物种之间的相互依存、相互制约关系，以及人类对待其他物种应持有的态度；从许多物种正在或已经消失的现状中，意识到人类文明给其他物种带来的灾难，深切感受到保护其他物种的必要性和紧迫性，初步反省人类文明。

活动一：你们喜欢我吗？从家养的宠物和绿植说起。(内容略)

活动二：应该赶尽杀绝吗？

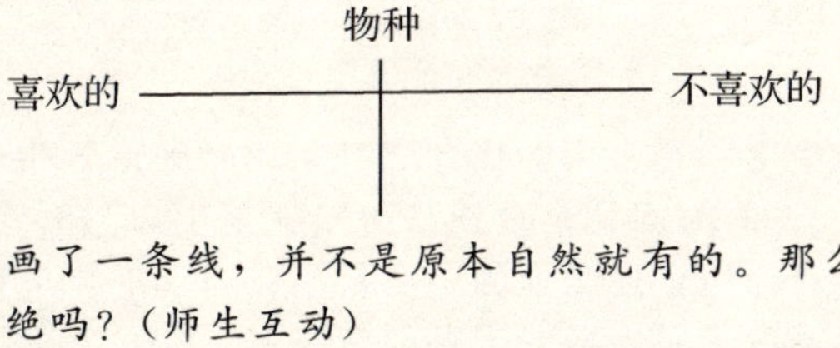

师：这是人为的画了一条线，并不是原本自然就有的。那么，人类对自己不喜欢的物种就要赶尽杀绝吗？(师生互动)

师：人类区分喜欢或不喜欢哪个物种的标准是什么？(发散思维。讨论结果集

① 执教者为江苏省南京市北京东路小学唐隽菁老师。

中在“人类自我中心”)

活动三：物质为什么会消失？通过数据、录像片，引出更深刻的问题进行讨论。比如，

不在人类活动惊扰下，鸟类平均 300 年灭绝 1 种，兽类平均 8000 年灭绝 1 种。但是， ·1600 年至 1700 年，兽类每 10 年灭绝 1 种； ·1850 年至 1950 年，鸟类每年灭绝 1 种。 目前世界上每分钟有 1 种植物灭绝，每天有 1 种动物灭绝。1600 年以来，记录在案的动物灭绝资料是：120 种兽类和 250 种鸟类已不复存在！

灭绝原因
·丧失生存环境、退化； ·过度捕杀； ·盲目引种； ·环境污染。

越贵越营养？
·燕窝； ·鲍鱼； ·鱼翅。 ——人们为什么要吃它们

活动四：我们一样吗？播放一个纪录片，引申思考“当物种灭绝的多米诺骨牌纷纷倒下的时候，作为其中的一张，人类就能够幸免于难，在劫而逃吗？”

这则案例较好地运用了批判性思考、全球视野和国际理解教育要素，整个设计环环相扣，既有助于学生理清问题逻辑，又容易激发探究兴趣。从教学实录看，学生就“益虫”“害虫”以及“为什么要吃这些东西”的讨论相当深入。难能可贵的是，教师始终就像个引路者，一路发问却从不代替学生得出结论，建构物种消失的主角一直是学生自己。

(四)历史学习技能

1. 时间

时间是人们日常生活中最常用的概念之一，用时间形容生活、经济、观念等格言也被人们喜闻乐见。如“时间就是金钱”“时间就是生命”“时光如梭”等。或许是时间就是生命的记录者，而以记述为业的历史自然将自己等同时间的伴侣，尽管这个时间仅为人类自身活动的记录者或对记录的阐释者。

没有时间就没有历史，没有历史就没有人类文化传承。但是，人们理解时间概念的能力也有很大的差异。当然，也包括环境对个人的时间概念的影响。教学中的时间概念包括：(1)年表及其术语，如世纪、年代、公元前和公元、历年等；(2)按

年代顺序排列事件；(3)理解历史事件的时间跨度。

案例指引六：理解纪年的方法

1. 我国的传统纪年方法是“干支纪年”，即十个天干和十二个地支按一定顺序配合组成。周而复始，循环不已。首先，让学生记住甲、乙、丙、丁、戊、己、庚、辛、壬、癸十个天干名称，再记住子(鼠)、丑(牛)、寅(虎)、卯(兔)、辰(龙)、巳(蛇)、午(马)、未(羊)、申(猴)、酉(鸡)、戌(狗)、亥(猪)十二个地支(为了方便记忆，可以加上属性)。知道天干地支依次相配，组成六个基本单位。如甲午战争、戊戌变法、辛亥革命、辛丑条约中的甲午、戊戌、辛亥、辛丑，都是纪年。另外，《新华字典》有相关工具表，应该常常让学生使用。

2. 公元(Common ear，CE)，公元纪元，是如今世界采用国家最多的纪年标准。它以耶稣出生为纪年的开始，其起点是公元 1 年。比如，21 世纪以 2001 年开端，而不是 2000 年。高年级学生可以初步接受一些公元的缩写方式，比如，BC 代表纪元前，AD 代表纪元后。

利用教科书中的纪元轴，需要学生理解：(1)没有公元 0 年。(2)公元 1 年以前，数字越大离现在越远。比如，孔子生于公元前 552 年，荀子生于公元前 313 年，孔子早于荀子 200 多年。(2)公元 1 年以后，数字越大离现在则相对较近。比如，1894 年的甲午战争，1911 年的辛亥革命，前者比后者要早发生十几年。

2. 年代

历史时间是年代的学问，对学生比较难以理解。教学可以经常性地强调相关概念。比如，以公元 1～100 年为公元一世纪，倒着数就是公元前的世纪。在每一世纪中，又以十年为一阶段，称为年代。一个世纪的最初十年，一般称为“最初十年”。这类问题若只教一次，学生就不容易掌握它们。

年代是历史表象，反映历史现象的顺序性、延续性和同期性，对历史学习十分重要。通过年代人们可以更深入地理解诸如变迁、文明、文化等复杂概念。因为历史发展的进程总是表现在时间的演变上，年代顺序有助于揭示历史现象之间的内在联系和因果关系。鉴于学生的学习难度，教师在处理年代知识时，应尽可能借助丰富的直观素材，让学生充分展开想象，并导入趣味、联想等方法，帮助学生加深印象，切忌急于落实具体的内容。在学习技能方面要求，大致可以做到：(1)知道历史发展进程有长短先后的区别，正确地感知首先清楚年代的连续性。(2)历史年代需要一定的记忆，否则不能掌握作为历史过程的坐标。比如，历史时期和朝代更替，历史事件发生的时间，历史人物生活的时代等。(3)记忆年代不是学习目的，了解年代所呈现的史实，掌握它们之间的联系，从而自己能够说明和解释它，才是有效学习的目标。

3. 年表

年表就是按照年代次序或历史事件的年月编排的表格。它是历史学习的基础，对学生形成正确的历史思维能力有直接的帮助。当然，也是学生必须掌握的学习技能。

与学术的年表不同，品德与社会教学培养学生制作年表、认识年表功能时，需要从学生的年龄特征和能力水平出发，开发出的年表不一定都通过抽象的数字表示，可以有各种创意。比如，年表中呈现的内容可以是学生自己的画，可以是照片，可以是布贴等。我们之所以还叫它是“年表”，主要因为它符合以下要素：(1)按照时间顺序排列；(2)有特定的内容；(3)反映特定的主题；(4)直观性强；(5)学生能够根据自己制作的年表，表述它们要说明的特定主题。

与年表相关的图表技能，还有曲线图和各种统计类图表，它们用于表明多个数量之间的相互关系。图形可以是条线图、饼状图或环形图、柱状图和线图等，都有形象地表达丰富含义的功能。品德与社会应尝试使用如下图表：(1)叙述式表格。按时间顺序叙述一件事情或故事，如表现校史。(2)数据式表格。把数据转化成表格，以便于比较，如从家庭消费看社会的发展。(3)谱系表。表明事件的源起与发展，如家谱。(4)分类表格。把数据分成不同的类别，如同一历史时期政治、经济、文化成就。(5)组织表格。表明一个组织的结构，如政府结构。(6)流程图。表明某种变化的整个过程，如某条工业化生产线。

品德与社会教学还需要特别关注由教师、学生制作的非正式的图表，因为自行开发或创建图表正是有效教学追求的目标。用于历史知识教学的非正式图表可以有很多种，从类别看，以补充材料和解释概念为主。

案例指引七：补充资料类图表

图表包括与所学主题相关的一整套问题，以及一份分组或分情况填充资料的说明。它为学生记录学习中所收集的资料提供便利。用表格显示资料有助于学生：在以后的学习中，可反复使用；在以后的学习中，可再做分析补充。

四大文明古国比较表

分析要素	地区			
	古代中国	古代埃及	古代巴比伦	古代印度
存在时间				
地理方面（地理位置；人口；自然气候）				
历史方面（民族；文化；时代变迁；宗教）				
国际影响				

4. 历史资料

历史资料是进行历史学习和从事历史研究不可缺少的依据，其种类很多。教学中对历史资料的了解，一是知道历史资料在解决问题时的重要性，学会“言而有据”，二是能够正确区分第一手资料和第二手资料，并能够对历史资料进行基本的归纳和概括。

第一手资料，从历史学的角度讲，又称“原始资料”。它包括：(1)文献资料：如各种文字记载，“经史子集”各种书籍，以及档案、文书、日记、报刊、家谱、信札、契约等。(2)考古资料：古人留下的遗物或者遗迹。如劳动工具、生活资料、武器、刑具、钱币、图章、绘画、雕塑等。还有甲骨、简牍和帛书、金石；各种遗址或古迹，像住宅、村落、宫殿、寺庙、作坊、墓葬等。(3)口述资料：如口头传述的史料、回忆录、调查记、传说、故事等。(4)民俗学资料：对现今各民族的生活习惯，风俗语言等所作的采访考察。

美国国会图书馆则把第一手资料分为五类：(1)物化产品。包括古物、工具、武器、人类发明、墓碑、时装等。物化产品可以直接向学生传达具体丰富的知识。(2)图片。包括广告、旧照片和画。(3)录音材料。包括已经存在的或者组织学生在社区内采访过程中所设置的录音，如不同时期的音乐等。(4)统计材料。包括人口统计、地理调查材料、地图、建筑，如一个城市或者地区的历史地图，地区房屋建筑风格等。(5)社区资料。包含前面四种内容。

对第一手资料的认识和应用，主要包括两部分：帮助学生运用归纳法得出或加深对历史结论的理解；利用原有的历史知识通过演绎的方法对第一手资料进行解释和判断。

第二手资料，或称“转手记载”，也有很多种类，比如研究性著作，包括史学论文和专著；通论性著作，包括通史、教科书、断代史、通俗读物等。多数是依靠研究性著作。在小学阶段，虽然学生的接触和能够理解的历史资料有限，但还是应该通过调查、参观、探究、问题解决等活动，尽可能让他们多使用和亲近历史资料，帮助他们依据事实发表见解的习惯，并为初中阶段的历史学习打下基础。

三、概念与归纳

(一)概念与观念

教学中的概念，或指词语或指词条，还指短语，体现出一种宽泛的含意，这种含意会随着经验和学问的增加而发生变化的。从哲学角度看，则比较抽象。指反映客观事物本质属性的思维形式。它是一个抽象观念，反映客观事物的一般的、本质的特征或事物间的相互关系。人们在实践中，对事物的丰富感性素材进行加工概括，把所感觉到的事物的共同特点或称一般的本质属性抽出，并用词把它标志出来，就成为概念。因此，概念的形成标志着人的认识已由感性认识上升到理性认识。

这容易使我们想到“观念”一词。观念是指事物在人脑中留下的概括的形象。观念即思想。品德与社会特别重视科学观念和价值观念的教学，前者指人们通过对外部事物的属性、功能的认识所获得的观念，是人们对事物、现象、过程的本质和规律进行探索的结果。科学观念的基本特征是客观性。后者指人们把外部事物的属性、功能和本身的利益、需要联系起来进行认识所获得的观念。由于价值观念把事物与人们的需求加以系统结合，因此它反映出人们对事物价值的种种不同的评价和态度，价值观念的基本特征是主观性。无论是科学观念还是价值观念，都需要运用正确的概念，诸如人口观念、环境保护观念、可持续发展观念中的社区、环境、规则、沟通、多样化、多元、差异等种种概念。

概念不仅仅是一个单词，重要的是每个都有特定的含义。所以，人类可以教会动物“说”某个单词，但是不能教会它们掌握概念。有些概念非常具体，比如，山脉、水灾、平原、海洋、国家、饥荒、政党等。有些概念则比较抽象，比如，与思考、感觉和行为相关度高的适应、自由、责任、民主制、正义、合作、法治、容忍、公平、权利、诚实、平等、忠诚、互相依赖、冲突、文化等概念。

在教学中，教师必须了解学生已经知道些什么，才能够有效地帮助他们扩展和补充新概念。其中，最关键的部分，是将学生以前的经验和新的概念联系起来。

(二)理解概念的技能

帮助学生理解概念，可以尝试不同的方法。比如，以学生为中心看以下概念则是：正义，意味着公正地做事；法律，就是规则；机会平等，意味着人人都有机会；合作，就是大家一起工作；责任，意味着做好自己的事。

学习概念依托一定的主题。品德与社会科的学习主题采用由远及近逐渐扩大生活范围的编排方式，使学生便于从更熟悉的内容中识别概念。心理学和教学实践，都证明这是适宜学生年龄特点的有效方式。其一，学生在心理上更接受他们身边且熟悉的事物；其二，即便事物离他们很近，他们也未必了解多少，但其中蕴涵着一种渴望；其三，学生对自身生活的知晓程度，甚至还不如他们从课本上学到的其他地方人的生活，作为培养负责任的公民的课程，有必要改善这样的知识结构；其四，开发学生身边的教学资源，有助于提高教学有效性。

当然，学生真正掌握一个概念需要花费时间，即便教师充分关注了学生的现实生活，他们也是在成长中逐渐掌握概念，所以切忌急于灌输复杂的概念，或用机械记忆的方法强制他们接受。但是，需要高度重视教学诊断，即适时地了解学生已经知道了什么。

1. 概念培养一：列表、分类、命名

概念和学生当前的经历息息相关。可以引用一个实例来描述或定义概念。比如，先让看一幅超市或市场的图画，然后收起图画让学生及时回忆看到了哪些东西，学生一边说，教师一边把它们列在黑板上。再让学生进行分类，得出概念。这样的练习多用在社区活动，日常生活中的自然资源、工农业生产等需要观察的主题上。

案例指引八(上)：我们的生活离不开纸[1]

一、提出问题

老师指导大家把课前搜集到的物品都带来了，愿意介绍一下吗？

生1：我收集的是挂历。

生2：我找到了纸杯。

生3：我带了钱、餐巾纸和彩纸。(中略)

师：先交流到这里吧！请把这些物品放好。通过刚才的交流，你发现了什么？

生：我发现这些东西都是纸做的。(板书——纸)

师：对于纸，你最想了解什么？谁有问题就站起来问，老师帮大家记下来。

生1：纸是谁发明的？

生2：纸是怎么发明的？

生3：纸怎么是白色的？

生4：纸为什么有的厚有的薄？

生5：四大发明的另外三种是什么？(中略)

同学们看，黑板写不下了，你把还没说出来的问题先放在自己的小脑袋里，看看课堂上能不能解决。进一步想想：纸到底都有什么用？(板书)

(从生活中列举事例；引起学生的思考，初步感知纸的用途。)

二、整理问题

同学们真善于思考，短短时间里，就提出了这么多有价值的问题，这节课，我们就来研究这些问题。大家看：在这些问题中，问题1和问题2都是研究纸是怎么发明的，我们就可以把这两个问题放在一起来研究，取个题目就叫作“纸的发明”吧。

再来看剩下的问题，问题3和问题4都是关于纸不同的种类，可以算作“纸的种类”；问题5是研究“四大发明”的内容，我们接下来还会进一步学习；最后一个问题是研究“纸的用处”。

(教师将学生提出的零散问题整理分类，并做命名，既引导学生注意学习方法，又使下面的讨论概念更为清楚。)

2. 概念培养二：体验、假设、检验

比如，了解广告的作用。让学生搜集各种广告，如报纸和杂志中的广告、电台和电视中的广告、公交车上的广告、建筑物上的广告、广告牌和各类小广告。讨论为什么有这些广告，广告的扩散范围以及实际效果，谁从中受益等。之后形成假设。接着是找资料证实自己的假设。比如，对消费者进行采访，利用网络查找数据。在这个过程中引入需要与想要、促进、消费者、市场、布局、冲击和吸引力等概念。就是说，学生需要从多个角度全面了解广告的概念。概括这个过程的步骤，即：(1)为学生提供宽泛、直接、亲自体验的机会；(2)区分主概念和下属概念；

---

① 根据山东省威海市实验小学田丽的教学实录改编。

(3)讨论与主概念相关的观点，鼓励学生思考各种解释的潜在联系；(4)为检验假设收集尽可能全的资料；(5)得出一些试探性假设，同时会产生其他假设；(6)扩展学习和亲身体验，并提炼出主概念的含义。

这样的练习比较适用于如文化、正义、冲突、平等等不太容易下定义的概念。因为学术界对这些概念的确切含义也没有达成共识，所以教学中的主旨在“经历研究”，而不是得出正确答案。

案例指引八(下)：我们的生活离不开纸

三、研究问题

(一)纸的发明(中略)

(二)纸的用处

1. 交流小调查。

师：拿我们同学来说，在学校里每天写写画画的，都要和纸打交道。课前，我们对同学们在学习生活中的用纸情况进行了认真的调查，哪个小组愿意把调查的情况介绍给大家？

生：我们调查了小组一天用纸是60张，估计全班一天用300张纸，我们发现大家用纸真多呀！

师：有补充的吗？我们一起算算，全班一个月的用纸量和一年的用纸量吧。板书(9000张；108000张)。听了大家的介绍，看了这样的数字，你想说点什么？(中略)

2. 研究纸在生活中的使用。

师：纸在生活中使用得就更广泛了，如果你是一个善于观察的孩子，你一定能说出不少生活中用到纸的地方。我建议：小组同学互相交流一下，看谁是生活中的有心人。(中略)

下面我们来个小比赛，老师这里有三个选题，哪个小组先来选题？一小组，请问你们选择几号题目？

生：2号题目。

师：你们的选题是——“巧嘴快说”请你们先选择一个小组做你们的竞争对手

生：选择四组。

规则：在规定的时间内，接力说出生活中哪些地方用到了纸，越多越好。

说明：接力就是一个人说完后，谁想起来说就接上去说，既不要抢，也不要等。下面的同学我们来做评委，在心里为他们数着。音乐声一起就开始，音乐结束马上停。

生：练习本、书、报纸、纸杯、餐巾纸、彩纸、杂志……

师：说出了11种，非常不错的成绩！四组同学，你们准备好了吗？二组说出的答案，你们也可以说，开始。

生：语文书、练习本、挂历、纸袋、餐纸、写字纸、邮票……

师：说出了19种！下面哪个小组来？请二组选题。(中略)

3. 交流收获。

师：通过刚才的比赛你又想到了什么，咱们的生活能离开纸吗？

四、续编故事

师：看来，纸对于我们来说太重要了。不知道大家有没有想过：假如有一天我们的生活中没有了纸会怎么样呢？(中略)

五、拓展学习

师：现在，让我们再回到课前大家提出的问题上来，这节课，我们主要对“纸的发明”和“纸的用处”两大问题进行了研究，“纸的制作”是我们下一节课的研究内容，而“纸的分类”这个问题就留在课后大家去自由研究吧。老师为大家提供三个网站，第一个是我们学校网络管理中心制作的资料库，另外两个是因特网上的相关网站，里面有关纸的内容非常丰富，感兴趣的同学可以记下网址，去访问一下。

http：//www. sdbjzxxx. net/paper/

http：//www. papereasy. com/(学生纷纷记录网址)

通过这节课的学习，你还有什么没有解决的问题吗？

(教师较好地运用了体验、假设、检验的策略。)

3. 概念培养三：辨认实例

教师事先给出概念的特征，然后让学生自己定义概念。这个练习的重点是评价学生运用特征的能力。

案例指引九：了解现代化的含义

活动概述：教师先给出一个实例，告诉学生这个实例代表现代化，因为它某某特征；再给出一个实例，却没有第一个实例哪些特征；让学生辨识两个实例真正区别；学生自己仿照教师的例子，去寻找其他实例。

活动步骤：教师在黑板上板书：(1)运用技术控制自然资源；(2)使用非生物电能和能源；(3)运用工具扩展人类新能源的范围；(4)有一个较高的商品出口总量。

教师用较多图片逐一解释以上四个特征的含义。即教师向全班同学展示了现代化的具体实例(不是全部，而是教师选择的重点)。然后，组织学生提问和讨论，澄清这类问题。当教师确信学生已经理解了现代化的主要特征后，再给他们展示另外一组图片，并由学生自己去识别其中哪些属于现代化的实例，哪些则不是，同时说出他们判断的理由。最后，教师依据学生的证实结果，评价他们对这个概念的理解程度。这样的学习，可以继续引申。

(三)形成归纳的技能

能够在概念之间做出联系的陈述就是归纳。归纳的适用范围很广。比如，归纳“中华文明的共有特征”。归纳和概念的相似之处在于，都有助于个人使自然环境和社会环境井然有序。

简单地说，归纳就是两个或多个概念之间的联系。在教学中，较常用的技能有：(1)描述性归纳。学生运用列表、分类、命名的策略就可以形成此类概念。比如，超市满足了消费者的需要，出售的商品几乎应有尽有。(2)因果归纳。通常在用体验、假设、检验的策略来学习，像“如果……那么……”句式也属于这类归纳。比如，广告所刊登的商品价格给了消费者更多的选择机会。(3)对价值观原则进行归纳。这类归纳通常包括人们的行为指导，通常运用警句、格言或谚语的形式流传。比如，虚假广告对消费者是不公平的，而且非法。(4)归纳法则或规则，高度抽象。品德与社会教学回避不了这样的归纳，但无须强调学生必须去这样做。

归纳都是总结性的陈述，这意味着它们通常在学习结束时才可形成。在教学中，学生应该能够在得出概念之间的联系后再进行归纳。与理解概念一样，进行归纳必须基于学生的经历。所以，让学生背诵归纳不会奏效。因为只背而不理解的归纳，不能帮助学生在学习新知识时，理解概念之间的联系。

四、阅读与写作

阅读能力至关重要，甚至可以说，不能阅读或缺少阅读，良好品德形成和社会性发展就是一句空话。不过，掌握阅读技能也绝非易事，它需要多样化的文本来源，需要批判性思考能力，需要充足数量的词库，以及寻找资源、把握主题、运用上下文获取信息、理解作者意图、快速的阅读速度、阐释作品内容、理解词条和词汇、区分事实和观点等基本的阅读技能。阅读是一种脑力活动，需要帮助学生在阅读中思考。

(一)提高阅读水平

有效指导学生的阅读，需要首先了解他们的阅读水平和差异。假设教师要教一种简单的技能，如通过泛读查找事实，那么他可以准备一份诊断练习，考查学生已有的阅读水平。比如，教科书第 26 页中的“社区”是什么意思？第 30 页的“委员会”是做什么的？第 50 页有关社区的变迁内容，能够告诉我们哪些信息？还可以把找出主题句、快速理解词语等练习变成一种游戏，让学生带着好奇心进入学习。

1. 了解读物的结构

每种读物都有一个结构或框架。比如，教科书由单元构成，每个单元用一个主题，主题下面是课题。一般情况下，一个课题就是一个课时的内容。在一课本书中，有主课文和副课文，有提要、图片、插图和资料等。相对于教科书，一般的书籍这种形式上的结构要简单得多，但是内容结构却更为复杂。让关注结构的问题，不是要做特别的研究，而是当成一种阅读习惯来强调，因为这种习惯是他们以后进一步学习的基础。

案例指引十：了解读物的基本信息

以下内容可以帮助学生把握读物的基本信息，并有助于他们养成良好的读书习惯。右边罗列的是读物的相关部分，左边罗列的是学生应该知道或可能想知道的东西。

你需要知道的	读物的相应位置
这本书的作者	封面
这本书的章节数	标题页
这本书是什么时候出版的、是谁出版的	版权页
这本书有多重要或为什么要写这本书	前言或序言
这本书的主要内容	目录
这本书提供的统计资料	地图或图表目录
这本书的图片、照片要说明什么	插图目录
这本书的关键词汇	术语汇编
这本书有无补充说明	附录
本书有无有关环境保护的内容	索引

2. 找主旨句

即让学生找出各段的主要意思，这样可以帮助他们理清作者的思路。首先，他们要明白段落意思，然后从段落中找出一句最关键的话，这便是主旨句。主旨句能够告诉读者段落在说什么。之后，再辨别段落中的其他句子是否就是主旨句的说明或阐释，看看主旨句是否就是段落中的第一句话。

3. 利用图片进行理解

如今的教科书中有很多图片或插图。它们不是教科书的装饰物，而是教科书知识/信息的有机部分。它们丰富了课文信息，有些图片自身就构成了独立的意思。所以，教师和学生都不要只把图片当成画片来看。

图片学习的问题例样，包括：(1)这幅图片反映了什么内容？(2)如果是一组图片，它们之间有什么联系？(3)这幅图片拍摄的时间？(4)这幅图片对理解学习问题有什么帮助？(5)如果是历史图片、新闻图片，那么它有什么影响？(6)从这幅图片中，能够读取哪些信息？

4. 构建词库

阅读需要词汇量。儿童阅读常常出现障碍，除读物本身的难度外，词汇量也是一个重要原因。词汇量还涉及对读物的理解能力。当然，构建品德与社会的词库并非教师个人的事，但是在目前课程资源相对贫乏的情况下，教师能够在教学中积累自己的词库，则会对有效教学大有裨益，毕竟这门课程所需的词汇太多。下面列举一些参考性的内容。

(1)给词汇分类。比如，子午线、公民权、废墟、资本主义、文明、世纪、年代等学科术语词汇；平台、冷战、门户开放等寓意类词汇；道德、范围、革命、集结等多含义词汇；UNICEF(联合国儿童基金会)、AD、BC等由缩略表达的词汇等。

(2)利用游戏方式扩大词汇量。比如，设计谜语、提供同义词或反义词、制作并完成填字或扩充词汇游戏等。

(3)借助参考用书。比如，《品德与社会教学基本概念解读》等。

(4)将班级布置成专业教室，张贴品德与社会词汇表。

(二)发展阅读理解能力

在理解的基础上进行阅读，意味着学生能够从节选中获取必要的事实和理解能力，使事实细节变得栩栩如生，并能察觉到事实之间的联系，学生读书越多收益越大。理解力与阅读速度相关，但更为重要的是阅读以后，是否有自己的见解。它表现为：(1)能够总体理解读物的含义；(2)能够记住支持关键性观点的事实和细节；(3)能够清晰地说出观点或事件的呈现顺序；(4)能够诠释主要内容或观点。

1. 为把握总体意思而预习

要学生知道读物的大致意思，可以这样做：教师节选读物的某个部分，并向学生介绍；帮助学生理解节选的大概意思；帮助学生理解节选内容是如何叙事的；帮助学生找出节选内容与以前的学习经验的联系。

2. 预计潜在的难题

节选材料时，教师应充分预想学生可能遇到的难题，包括对整体意思的把握，对词汇的理解等。如果预计对大部分学生可能过难时，选文就有问题。同样，如果选文没有挑战性，也有问题。一旦确定了选文，教师就要做细致的备课准备。

3. 确定阅读的明确目的

带着目的阅读是理解的关键。有效阅读要求教师有细腻的指导，需要设计周详的阅读目标。当然，为了训练学生多种技能，也可以在阅读时变换目标。但是，它要符合以下四个要素：了解总体意思；获得事实和细节；发现事件或观点的顺序；达成预设目标。

4. 提高阅读速度

阅读速度关乎学习效率。教师可以用提问的形式，帮助学生变换阅读速度，如快速找到地点、时间、人物和概况等，而对一些思考型问题则需细致的阅读。

5. 把所读的内容和学生的生活经历结合起来

把所读内容和个体经验结合起来，有助于激发学生的阅读兴趣，并通常会得到意想之外的意义。

案例指引十一：将阅读与学生的生活经验结合起来

阅读中的词汇	与学生生活的关联点
火灾	自己家中危险的地点
发现者	爬山者
探险家	冒险家
生态学	地方的环境
职业	自己的职业兴趣和向往
法律	应遵守规则
……	……

6. 记录个人成就

为了增进阅读理解能力，可以帮助学生建立记录册，定期反馈练习情况，并作为档案袋评价的重要内容，定期地给学生提供他们进展情况的信息，对他们增进阅读理解能力会有帮助。

阅读理解包括获取作者呈现的事实信息，以及能够解释作者的观点。作为技能要求，包括做出推断、看出联系、找出因果关系、了解作者的感情、批判性阅读、评估材料，并能够预测可能的结果。所以，理解也意味着读者能够超越文本的字面意思，看出它的重要含义。当然，这不是对小学生的要求，而仅仅涉猎其中的要点，以培养学生的独立思考和质疑精神。教学指导的着眼点是：做出推断；找出因果联系；预测可能的结果。

(三)查找参考资料

在品德与社会教学中，需要学生尽可能利用参考资料，一是因为参考资料能够为他们提供进行判断所需的资源，二是参考资料对训练学生知识建构的技能方面很有帮助。参考资料的种类很多，经常用到的有传记、小说、百科全书、地图、字典、年鉴、杂志、信件、日记、报纸等。查找参考资料首先是明确一个目标——查哪些方面的书，尽管书的选择范围可以宽一些，但不能漫无边际。教师可以先给出一个问题中心，学生围绕这个中心找资料。找资料要用到索引技能，如果条件允许的话，教师最好带学生走进图书馆，从传统的检索办法到现代的搜索技术，会有个整体认识。如果是仅局限在学校或个人学习，可以利用百度、维基百科搜索想知道的资料。

以学生为中心课堂，会频繁地使用参考资料。教师可以预备相关的参考资料带在身边，在学生讨论生成问题时，可随时打开参考。不仅仅是为了给学生一个肯定答案，还有培养学生利用佐证进行观点、多视角看问题的习惯。有的学校在教师内配备读书角，品德与社会科的教师更应该注意帮助学生充实基本的书目。包括字典、社会常识、道德故事、人物小传记等。

看参考资料同样要先了解它的大致情况，而不是上来就从头读到尾。比如，要了解它都写了什么，判断哪个部分是你最需要读的或可能对你有帮助的，如果有读者指南，一定不要放过，就像消费者买一件新商品必须看说明书一样。另外，遇到百科全书、世界年鉴、地图集、图片集这样的参考书，因为内容与以文字为主的文本不同，阅读技能也不太一样，只要多看，才能在实践背景中掌握相应的技能。在学生选择参考书后，教师可以给一些指导建议，但不必强求他们接受，特别是与阅读倾向有关的建议。

(四)运用写作的技能

1. 写作的种类

写作是笔头表达技能，也是社会交流技能。阅读是通过符号获取观点和感受，写作则是把观点变成符号。因此，阅读和写作的技能互利互惠。

在教学中，学生最早要写的东西是记笔记，将教师写在黑板上的纲要和内容写在笔记本上，以后这种技能将变成边听讲边总结。不过，记笔记的意识是在小学培养的。通常的写作是指写信、写作业、写文章。针对品德与社会教学的写作，还包括列出学习活动的大纲、准备书面报告、做讨论记录、写书面总结、写通知，以及与日常社会生活密切相关的各种表格填写，如存定购单、申请书等，甚至是写诗歌、故事等创作性作品。

总之，品德与社会教学把写作看作是增强课程教育意义的手段，发展写作技能主要在语文课，品德与社会旨在运用写作技能的表现功能以实现自身的课程目标。所以，它强调与学生实际相结合，创设良好的氛围去激发学生表现他们的所知、所感。比如，想象一个有吸引力的场景，让学生将分段、使用标点符号和关键词等写作技能融入进去；通过词语游戏，将押韵、同义词、反义词等嵌入其中。

2. 开展写作活动

写作活动是有目的的将学生正在学习的主题加以表现的活动。比如，给父母写一封信，表达对他们的感恩之情。其他的活动包括：编辑专题活动小报；为所扮演角色写台词；给没有固定结论的故事编结尾；写班级或一个人的日记；写讨论报告；为图片、照片等配解说词；制作贺卡；写感谢信；创作故事；做会议记录；写读书笔记、听课笔记。

案例指引十二：阅读所有资料①

这个活动适用于任何年级，既可以作为家庭作业，也可以作为课堂教学内容。更重要的是，它可以使学生的历史学习更加有趣。

教学目的：学生通常不太喜欢历史，这是因为他们看不见与自己生活相关的内容或需要。这一教学活动设计，将让学生意识到历史是个人生活的一部分。

教学目标：学生设计一张报纸，描述他们出生那天当地、州、国家与世界上发生的事情。

学习资料：在图书馆里可以获得所有资料。

教学活动：(1)根据自己出生那一年发生的一件事，写一篇社评；(2)研究一个问题，并找到关于这个问题的政治性卡通画，并在自己设计的报纸上呈现出来；(3)从自己出生那一年中选择事件，并设计一个视频。包括素描、邮票，或从当时的流行音乐选择一个段落等；(4)采访一个人，被采访者要对你出生的那一年发生的事情很了解。你必须提前准备问题并把答案记下来，或者是用录音的形式记录采访，这就是口述历史。(5)在课堂上展示自己的成果。

大家一起来尝试：很多学生喜欢这样的活动，因为它让学生产生历史感，还让他们学会辨认历史发生的地方。在同一个年级，大部分学生是在同一年出生的。因此，深入学习某一年的历史，可以补充历史课本的不足，因为历史课本总体来说还

① 赵亚夫，唐云波主编．国外历史教育文献选读．长春：长春出版社，2012：267.

是太精简了。

这个活动包含较多技能，因为该教学设计的适用范围可从 5 年级到 12 年级，对 5、6 年级的学生自然程序和技能要求都要简单一些。从写作技能的角度看，它提示了三个重要条件：一是品德与社会的写作活动不能单独教授，而是需要结合其他的技能一同发挥作用。比如，本案例中的写作技能始终伴随着采访技能；二是写作的任务要非常明确，写什么，写成什么样子甚至体例和体裁，都应该清楚；三是写作技能必须反映主题学习内容。

第五章
做善于表达的行动者

△ 有问题才有行动
△ 在群体中交流与分享
△ 由表现展示的社会行动
△ 为了教与学而精选和利用资源
△ 评价教与学的成就

引言：问题的程序

“同学们，今天老师带来了有关我们家乡美丽景色的图片，我们共同欣赏。看后你们有什么感想？能用一句话概括你眼中的家乡吗？”“家乡真美，我感到骄傲！”“可是，我们美丽的家乡，还有很多不文明现象，课前同学们对自己生活的社区做了一次调查，寻找与文明社会不和谐的现象，大家找到了吗？”

这是《社会文明大家谈》一课的开场白。在短短的2分钟里，教师提了三个问题，展示了若干图片，学生回应了图片的直观印象。因为“共同欣赏”还不充分，学生“一句话概括”的内容可以不经过思考。“可是”也转的有些唐突，显然问题从前面的欣赏自然导出来的问题。为什么一个好的设计——“图片导入、创设情境”没有达到意图呢。其中一个重要原因，就是教师对问题的程序不够清楚。本来由图片生成的情境，是让学生感知家乡的美，如果是“共同欣赏”的话，则需要清晰欣赏的顺序和细节，这些内容需要教学主题相关，特别是与下面要导出的问题有意义上的联系。比如，哪里美啊！让学生骄傲的地方是什么啊！应基于共同的发现而产生共感。再巧妙地利用图片转换问题视角，找到美丽中的不和谐部分，进而形成讨论话题和进一步调查的愿望。一节有效的课是从容的，出示问题、解决问题都需要逻辑清楚，所以教师关注问题的程序对品德与社会至关重要，采用段论：非好即坏的简单判断方法，很容易养成学生非白即黑的思考习惯。因此，品德与社会的教学环节中需要充分展开问题，再指导学生有条不紊地深化教学。

所有问题都具有程序性。教学既然是一个解决问题的过程，就应该清楚地呈现问题的程序性。诸如，准备从哪里开始学习？完成学习任务所需的时间？如何展开问题调查？调查获得的资料如何使用？教师运用这些问题梳理问题程序，确定学生能否理解他们所学的东西，教师在何处需要额外的解释，该教学方案能否达到有效的反馈等。明确了这些基础性问题，教学有效便有了目标。

此外，借用情境引出学习课题或学习问题的价值，在于能够多角度、多方面讨论问题。传统教学习惯使用从旧知识联系新知识的办法展开教学。比如，先是回忆问题，“上节课我们学习了……请一位学生回答。”为了快捷提问多是答谁、什么、什么时候、在哪儿等少有思考的问题。品德与社会则不然。其一，它是主题构建，一个主题内的不同课题之间有明显的逻辑关系，一个单元内不同主题之间有可能相互之间扯得较远。至于知识逻辑关系，因为不是学科课程，是比较松散的。其二，针对学生生活设计的主题，考虑社会生活的自身逻辑，它要求教学也以学生生活为出发点，像《社会文明大家谈》这样的课题，如果首先向学生明确今天的学习目标、需要讨论的内容，甚至师生一起花点时间理解该课题的学习意义，然后来个头脑风暴，用以归纳学生的各自观念，教学中运用分析、综合、解释、运用、评价等较“高水平”的认知技能的机会要多得多。总之，品德与社会更看重“我们怎么知道这些”“这样的变化说明”等学习结果，要求通过有条理的问题促进学生行动能力的发展。

品德与社会强调有层级地、依照程序性展现的问题，因为良好的品德形成、社会性发展依赖于学生有无探究意识、采用怎样的智力运作方式、是否能够将逻辑思维和批判性思维作为理性基础。可以说，构建问题程序贯穿品德与社会的整个教学过程，它要求教师能够熟悉问题分析要素、理解并解释问题内容、真实预设学习结果、澄清学生的回应、核实陈述或结论、指导学生独自学习、诊断学习中的困难、总结学习效果。将这些要求贯穿于教学的各个环境，便形成了有效教学技能。品德与社会围绕学生良好的社会行为习惯养成，在教学技艺方面更关注各种学习活动策略的运作。

一、合作与交流

（一）小组学习

合作是社会交往的必备技能。学习和实践这种技能通常采用小组学习方式。学校里的小组学习，以班集体中个人组成的小团体为主，小组成员一起讨论和思考问题，一起朝着共同的目标努力，共同分享学习资源和成果。事实证明，小组学习不仅便于开展探究、体验、问题解决等新型的学习活动，而且理想的学习小组会产生一种内聚力，小组成员为了完成共同的任务，他们能够自觉地分配工作任务，为了共同的荣誉，他们会顾全小集团的利益，维护自己的尊严，珍惜自己的荣誉。引申说，小组学习可以培养一种团结精神，这也是品德教育所希望的。一个相对稳定的小组，还容易让学生有某种归属感和认同感，并越来越关注自己小组的成功。相反，如果是几个学生临时凑在一起（比较课堂教学中前后桌 4 个同学的对头讨论），个体成员的学习活动不受其他成员的影响或影响程度太小的话，就没有上述小组学习的特征，它也很难称为小组学习。

案例指引一：我和小伙伴[1]

四、了解伙伴之间友好相处的行为和方式

1. 实话实说，直面矛盾。

师：同学们与小伙伴相处，有时会有不愉快的事情发生，与小伙伴闹别扭时都很烦恼。你有好的方法吗？（学生纷纷举手）看来你们真的找到好的方法了。这样吧，你们先有什么别扭的事，再将自己最好的办法在小组里向同学进行介绍，请他们进行评议，你的方法是否可行。（学生分成4人一组，教师到学生中间观察指导，适时给予帮助。）

2. 真情对对碰。

师：你们交流的办法解决实际问题吗？大家在全班范围里交流一下。（略）

五、付诸行动，考验解决实际问题的能力

1. 设置问题情境。（某某同学很调皮。有一次他还无缘无故打了同学。怎么办?）

2. 小组讨论。

这类的小组活动最为常见。特点是：任务明确；时间紧凑；形式简单。尽管很多教师把品德与社会看成是活动型课程，但局限于课堂教授的学习活动，不会给小组学习带来太多的机会。然而，这类小组还是体现了一般小组学习的两个功能：满足教学方式多样化的要求；体现以学生为主体的教学理念。品德与社会需要进一步做的是，为了追求真实、富有实效性的小组学习，理应改善相应的学习环境和结构，切实提高小组学习指导技能。

1. 改善小组学习环境

为小组学习创设一种令人愉悦的人际交往氛围是教师应该做的事。而事实上，并非所有教师都能够做到，甚至有些教师一进教室就让学生感到紧张。或许是因为这个教师过于严苛，或许还有教师个性等方面的原因。但无论如何，在学生看来都是一样的，他们不喜欢这个教师，因此讨厌他教的课，或者因为讨厌学习环境，连同课程、教材和教师都不喜欢。我们承认，学生都有自己的小圈子，在大多数情况下，对大多数学生而言，他们的小圈子对教学的影响是正面的。不过，遇到那些非常缺乏自律和公共意识的学生，就比较麻烦，尽管他或她很难与别人合作，可是他或她的不良行为，会给整个学习环境造成压抑感。所以，品德与社会教师必须处理这类人际关系，为了达成有效教学，教师必须是个合格的管理者或领导者，他有能力让所有学生创设令人愉悦的课堂教学氛围。

除了人的要素外，普遍的大班额教学也会影响有效。提高大班额教学质量，利用小组学习方式应该是不错的选择。如前所说，小组学习如果能够产生团结效益，使学生彼此相互支持，并形成组内外协作、共同进步的学习氛围，教育的效率、效果都有了。将教室环境作为学生学习社会交往的背景，在国外也被称为“潜在课

① WWW. 5ykj. com/Health/spysyh/43625. htm.

程”。其维度包括：

(1)教师必须使用友好且是建设性的语言，目的不仅是要尊重学生，而且还是减少学习压力的手段。诸如嘲笑、挖苦、直接否定等造成压力的负面语言，都必须禁止，因为它们有可能导致师生、学生之间的敌意，诱发自私、恐惧等不良情绪。

(2)教师必须尽心于成功的合作，他需要通过和谐的班级氛围，激发学生想要成功的愿望。为此，包括教师在内的所有成员需要精诚合作，因为只有互相信任和依靠，才能获得彼此需要的感觉。它排斥过于激烈的竞争氛围，反对群狼式的自相残杀。它主张公平竞争，即一种能激励学生更好地学习；学会以平和的心态面对胜利和失败的竞争。

(3)教师必须认识到个体差异，并能相应地做出调整。让每个学生都感到“这个集体适合我”，而不是相反。

(4)教师必须有把握轻松而舒适的学习速度的本事。教学理应是高效的。但是高效应基于学生会为自己安排学习计划，而不是强制性地要求他们严格遵守教师制订的计划。好教师不会时时警告学生“快点做”“你还想及格吗”，而是依照学生差异灵活调整指导计划，让每个学生在安定的心态中完成学业。

(5)教师应允许学生参与课堂设计与管理。这样，学生会认为维持课堂秩序是自己的职责，在自己营造的环境中学习也更有亲近感。相反，凡事自己决定，不允许学生参与课程设计和管理的教师，容易把全班学生当成“我的孩子”，进而严格地控制他们的行为。

(6)建立热情而友善的师生关系。尊师重教是我们的优秀传统，它是依赖信任和情感维系着文化传承的。事实上，学生都需要友善的教师。

(7)营造各种体验愉快情感的机会，有助于实现有效教学。一是要运用多样化的教学方式，提高学生主动参与学习的热情。比如，利用讨论、写作等形式，让学生充分展示个人特征。而且，多样化的学习方式，有利于缓解学生的学习压力。二是通过讲幽默故事、利用创造性学习活动(如角色扮演)，让学生有更多的释放个人情感或了解他人的情感的机会。

2. 成功地指导小组活动

在小组学习中，以体验合作程序并培养相应技能为重点。诸如调查、讨论、设计活动、收集资料、撰写报告、准备表演活动等，都需要从程序入手，最后习得相应的技能。

一般而言，小组学习由任务驱动。学习任务应与学生的年龄和所要执行的任务性质相一致。换句话说，小组学习的目的是为了有效率地完成学习任务，并追求更高质量的学习结果。当然，任何年龄段的学生在小组学习时都有个效率问题，年级越低学生学习的效率相应也低。为了达成学习目的，必须让学生掌握学习技能。一些教师为此给出如下建议：

(1)依照学生的性格、学习特点、能力和需求分配角色和工作任务。

(2)在稳定了班级管理后，再开展小组学习活动。因为在混乱环境中的分组或小组学习没有什么效果。

(3)小组学习的任务必须明确，并由精心挑选、有责任心的学生担任组长(可以教师指定，也可以学生推选)，以确保小组学习活动有序进行。

(4)一旦小组学习开始，其进程、问题解决的主角就是学生。

(5)小组汇报要简短、有趣。每个成员都参与汇报或解释，以提示他们为小组尽职尽责。

(6)教师须关注所有学生儿童都有机会参加小组活动。教师应对小组学习的活动标准、目标、评价给予必要的指导。

一般地说，促使小组更有效地合作的技能，需要在小组背景中习得——小组学习技能亦即社会行动技能。有经验的教师，会和学生讨论小组成员的责任问题，会告诉学生可以选择的学习工具，会指导学生建立小组学习评价标准，甚至还会通过营造教室环境的办法，让学生习惯于合作学习的氛围。比如，明确组员的责任：帮助组长开展学习计划；积极做好分配给自己的工作；不要妨碍其他组员的工作；有协作态度和独立见解，并尊重多数人的意见；支持小组决定。明确组长的责任：使每个组员都成为小组的一部分；让每个组员都有机会扮演他喜欢的角色；尊重每个组员的观点；组织大家的观点，并形成小组的见解；确保小组以最好的效率和效果完成工作。

从形式上看，小组的规模不宜大，因为人数越多效率越低。比如，以小组为单位做社区安全调查这类较复杂的学习活动，可以按照采访、走访、收集资料、数据统计、文字编辑、撰写报告等任务分组。一个组 4～6 个人的话，分工就比较明确，任务不会重复，责任容易到人。常规状态下的小组活动，则只需要组内交流学习材料、讨论问题、形成共同看法，如果组员分担的工作份额太少，甚至连表达的机会都不给，小组活动就既没有作用也失去意义。当然，两三人的小组也会限制学生的合作空间，而且学习成果与个体学习没有什么区别。而有些教师从两人小组开始教授合作技能，然后逐渐放大小组规模，则是另一个方面的问题。总之，形式服务于效果。怎样的组织方式更有效，要根据实际情况考虑，在数字化环境中的小组学习，或许还会有新的突破，这要通过实践总结经验。

(二)课堂讨论

今天的课堂教学常常运用讨论，而且讨论的质量渐渐提高。由于讨论能够汇集学生们的各种信息和观点，它也体现了智力协作形式。品德与社会课教师通过讨论形成思维碰撞，一方面使所有学生参与其中，另一方面渗透诸多的品德教育。比如，有效的课堂讨论，鼓励学生自由表达、自愿发言，讨论形成了民主课堂；讨论没有固定的发言模式，既防止个人超限发言，也不依照个人的发言贡献评定等级，以便从倾听和独立思考等方面，培养规则意识和独立人格。

1. 组织讨论的要点

严格地讲，讨论环境包括教室座次的安排等一系列的人员组织、物理条件。首先，讨论必须是面对面的交流。其次，参与讨论的人的态度，既可以促进成功的讨论也可以抑制讨论使之失效。在品德与社会上，有必要强调以下原则：认真倾听别人的发言，即便必须插话，也应该是礼貌的；尽可能客观地陈述事实，不要感情用事；用自己理解的方式进行表达，并对自己的观点负责；讨论前做充分的准备，使用多角度、多方面的材料；发言的音量适中，使所有人都听得清楚；注意自己发言的时间，不要长篇大论，要知道在有限的时间里，你说的太多，就剥夺了别人的发言机会；当你的观点与别人冲突时，应有耐心听全别人的理由；要求用证据澄清自己不理解的观点，并顾及别人的感受；讨论不能偏离主题。

案例指引二：齐心真好[①]

三、深入讨论

1. 学生讨论如下问题：为什么需要合作；有没有只靠一个人就能完成的事情；有没有必须靠两个人完成的事情；有没有一个人根本就做不了的事情；有没有两个人也做不了的事情。

2. 结合上面的事例(中国女排在奥运会上夺得冠军)，进一步说明：合作容易把事情做好。

3. 教师先用多媒体课件呈现学校在一些集体赛事中取得的奖状、锦旗等，配以恰当的解说。提问：说说在我们班上、我们周围还有这样的合作事例吗?

4. 小结：就像大家所说的那样，战胜学习困难、获得集体荣誉、开心的游戏活动，都需要我们之间的合作。

5. 学生用一句话说“合作”。(教师鼓励学生畅所欲言)

6. 教师总结：大家在一起为了同一目标，齐心协力，互相配合，取长补短，共同完成一项任务，这就叫作“合作”。(略)社会生活中，很多事情只有合作才能做好。让我们一起大声地宣告：齐心真好。

四、拓展延伸

完成小调查，了解更多合作的故事，收集有关合作的俗语、警句格言、歌曲等内容，大家共享。

该课用一课时完成，其教学目标是：(1)以学生日常生活及社会中的合作事例，让学生明白合作的意义，体会“合作真好”；(2)增强学生的合作意识。教学设计的第一个环节是通过2004年奥运会中国女排夺冠导入，并佐以课文《杰出的合作》初步了解学习主题。第二个环节是学生交流读后感。第三个环节是用讨论深化学习主题，也是本课的重点环节。应该说，敢于花较多时间进行课堂讨论的教师并不多。这位授课教师不仅大胆地尝试了讨论教学法，而且在教学设计时比较清楚自己在做什么，对怎样达到教学目标也心中有数。

作为研究案例看，结合这节课的优点和不足，还可以进一步分析。(1)教师试图运用多种方式激发学生的兴趣，并在一开始就通过视频资料调动学生的感情，这

① WWW. eblogj. cersp. com/userlog15/25626/2008/7619404. shtml

是进行有价值的讨论基础。同时，教师利用教科书确定讨论主题，也值得学习。其实，教师利用学生阅读提出问题，借用新闻报道、社会事件乃至校园内的学生冲突，都可以直接成为话题。关键是学生对讨论的问题有兴趣，而且能够把讨论主题与自己要表达的问题联系起来。(2)确保学生能够广泛地参与。因为讨论的价值除了发言之外还有其他。比如，倾听他人的见解本身既是知识交流的过程，也是涵养品德的有机部分。所以，让学生畅所欲言，激发学生愿意交流彼此的观点，这节课有明确的预设。(3)适时推进并拓展讨论的视野。一方面讨论是自由式的，另一方面也需要教师启发学生从更多的角度分析问题，毕竟学生的年龄有限，表面的思维活跃(如踊跃发言)不能说明他们能够围绕主题理解问题。(4)在现场观察，则需要强调当学生出现思维混乱(如概念不清、张冠李戴)时，教师是否给予及时的矫正。① (5)确保讨论不游离于主题。对小学生而言，讨论不偏离主题很困难，讨论越是自由，他们越容易游离主题。所以，教师时时提醒学生关注主题十分必要。当然，也不能怕讨论松散，就有意限定讨论的宽度和深度，甚至由教师一人控制讨论进程。比如，这则案例有一个值得商榷的地方，就是聚焦于“齐心”的“合作”概念偏窄了。原因或许是教师为了控制讨论节奏刻意设计的，它对应讨论前给学生的零碎问题，使讨论不易按照学生的思路展开。如果这样的处理完全是针对学生实际水平的话，那么在以后学习相关的内容时理应有所上升。

2. 常规形式的讨论

学生见过的讨论形式或许比我们要他们知道的还多，比如从电视新闻、影视作品中看到的开会形式等。有条件的学校让学生尝试各种讨论环境、方式，对他们成人后的工作会有所帮助。在我国，很多地方的教室环境已经由小组学习主宰，即书桌不再一排排摆放，而是按组布置成一个个方阵。临时性的教室布置更是多种多样。下面结合国外的相关材料和我们的实践经验，介绍几种方便品德与社会的讨论形式。

(1)圆桌讨论

圆桌(或方桌)讨论适用于中高年级。它也是一种小组学习方式，小组成员以4～6人围坐一起，进行面对面的交流。还有其他的讨论形式。比如，由一组学生示范研讨某个难题，其他小组观摩。教师的指导有两个重点：明确讨论的目的；向所有学生说明讨论程序、运作方式并做演示。

圆桌讨论需要一个组长(主持人角色)。在学生还不擅长开展讨论活动时，组长最好由教师指定。因为这类讨论对组长的要求较高：介绍小组成员或了解组员的特点；确定讨论的难题；引导组员顺利地进行讨论；控制讨论节奏或时间等。无论是

① 如今，一些教师一旦把课堂交给学生就任学生“自己活动”。常常讨论、表演一开始，教室就像炸开锅一样，每个学生都争先恐后地发言，而且一个赛一个声音大。有些地方的课堂还鼓励学生抢话，美其名曰“培养胆量”。后果是“胆量”炼出来了，品德没有了。事实上，连起码的课堂秩序都不能维持的教师，根本不能组织有效讨论。

教师还是组长，都应该努力使讨论在民主自由的氛围中进行。没有这种氛围，真正的交流就不容易实现。还有，既然是交流，就需要宽容各种见解，发言的方式也是交谈式的。在条件允许时，组员都应有机会承担组长的角色，因为这是学生社会性发展的一个良好机会。

圆桌讨论所坚持的原则与其他形式的讨论没什么两样，诸如不偏离主题，认真倾听，尊重别人的观点等，不过它还是特别强调避免纠缠非主题的内容，不赞成诡辩。因为圆桌讨论适宜各种目的，所以成为一种常规形式的讨论。比如，制订班级活动计划；围绕教科书提供的学习主题；收集与学习主题相关的事实；讨论当今事件；总结或评价社会实践活动；解决学习或生活中面临的共同难题；推荐代表等。

(2)专题讨论

专题讨论在形式上与圆桌讨论没有什么不同。它以组员之间的交流为中心，通常由讨论者每人做个简短的陈述后，再开始讨论。讨论在小组内进行，由于组员都是“小专家”，它不像其他小组学习那样每个组员各自有不同的任务。在组内，大家交流的是各自的独立看法，自由表达十分重要。小组交流则提供观点交锋、相互学习的机会。这样的讨论可以对学习主题有更深入的理解。教师的职责是为小组讨论准备较多的素材，比如指导学生做选题并展开前期的调查活动等。

专题讨论的一个重要环节是做报告，目的是和大家分享学习信息或研究心得。它还有突出功能：小组学习成员共享信息和资源；展示自我能力和个性化的学习。从品德教育的角度看，组织、撰写和交流报告，有助于在学生之间生成共同的价值观，因为这个过程对每个学生而言，本身就隐含着一种责任。

能够呈现自我见解的报告，不会复制课本内容或鹦鹉学舌式地说话。品德与社会应该杜绝儿童模仿大人说空话。另外，也要避免干巴巴的发言。为此，需要鼓励学生做有挑战性的思考，尽可能用自己的理解、自己的语言，表述自己希望表达的内容。这些都需要教师精心且持之以恒的指导。比如，如何准备言简意赅的报告，如何做让听众喜欢的报告人。教师还可以和学生一起讨论评价标准。诸如：发言清晰；准备充分；是自己的想法和语言；使用图表和照片，让报告更丰富、有趣；报告内容对大家有启发；突出主题等。当然，每一条都可以进一步精细化，逐步让学生掌握这些技能。

至于报告的效果，除了学生之间可以相互评价外，教师的评价对学生有着特殊的分量，所以必须认真对待。一般而言，教师评价要持肯定态度；在指出学生的不足时，要具体到改善的方法。比如，学生所做的报告因模仿太多，呆板不生动，或者照本宣科，教师可以说：看得出你花了很多时间准备报告，如果在这一部分用你自己的话说，老师想可能会更有趣；关于另一部分，现在都是文字表述，如果可以换成照片(地图、图示、曲线图)是不是更清楚、更容易让别人理解你的意思。如果学生的报告做到了咬文嚼字，没有什么科学性错误，但是内容空洞的话，教师可以说：在这个问题上，你能用自己的话再描述一遍吗？关于这件事，老师听过或看过不同的观点，你能再找两条不同的材料吗？等等。总之，有效的讨论都通过相应的技能表现出来，这也是教师指导讨论所关注的重点部分。

二、构建和展开表现性活动

(一)激发学生的参与兴趣

激发学生的学习兴趣是个老生常谈的话题。品德与社会更关注在广泛的参与中养成学生持续的学习兴趣。兴趣不仅仅针对学科内容而言，还是从事创造性的学习活动的必要动力。兴趣是学习的有机组成部分，并包含了对学习价值的认识。

由于怎样参与以及如何实现参与效果，主要是通过教师的教学设计体现的，所以通过激发兴趣让学生积极投入到教学活动中，需要教师的想象力。我们期望把学生的兴趣和好奇心转变为学习的资本，因此以问题为导向的教学格外重要。这种教学要求整合不同的知识来源和技能，强调创新教学方法，鼓励学生自主探究，并蕴含着“我要做”的研究冲动。

大致说来，表现性活动都与创造行为有关。表现方法比讲授方法，在激发学习兴趣、培养思维能力、养成探究习惯方面更具有优越性。由表现性活动展现出来的学习成果往往也更为真实，同时易于观察以下现象：学生是如何将事实资料运用到具体问题中的；如何运用社会化技能与别人沟通的；如何运用概念、归纳等复杂程序澄清问题的。据此，教师能够更有效地为学生提供思考框架、实施表现计划、完成操作流程、分享学习成果和实现多方面的评价。当然，品德与社会的综合性、体验性特征，唯有学生实际参与到活动中，才显得丰满和有意义。比如，采用音乐、戏剧、美术等非语言方式表现学习成果，不仅可以活跃气氛，而且更具有深度。因为学生能够较好地表现所学内容，说明他理解并能够运用了。

案例指引三：依依不舍[①]

三、定格记忆——创意临别赠言形式VS传统同学录

师：很多同学想记录历史，定格记忆，有的同学已经买了《同学录》，还有的同学已经开始填写同学录。大家观察到传统的《同学录》存在的一些问题吗？

学生们交流自己的发现。教师一边听一边总结同学的发现：同学录填写的项目五花八门，有些信息涉及个人隐私；姓名、生日、联系方式等信息重复填写；也有的同学录缺少基本信息，不知道是谁的；有些赠言太随便，有不适合小学生的内容等。于是，学生们提出自己创作同学录。

教师引导学生尝试用电脑制作，大家通过讨论确定以下内容：个人基本信息、个性化留言——可以表达祝福、感激、赞赏、难舍、歉意、约定等。

形式随意，内容不一。但是，共同的要求是，记录同窗情谊，定格记忆，发自

---

① 摘自山东省聊城陆安市实验小学程蓉老师的博客。WWW. 30edu. com.（t. 30sdu. com/07122941/Article. do）

内心，来自真诚。

(二)构建各种表现性活动

1. 制作活动

制作是儿童最喜欢的活动之一，而且常常与游戏搭配。比如，折纸船、搭沙堡。更高级些的制作，包括做模型等。制作活动需要自我思考和设计，需要运用工具的技能，所以在发展学生的协调性、灵敏性方面，有着特殊的教育价值。另外，作为一种体验性学习，制作还具有扩展和丰富学习主题的意义。在品德与社会上，学生作品的优劣不是教师关注的重点，我们的教学更强调表现性活动中究竟有哪些知识是学生自己建构的，当然也包括像真实、可信这类价值性知识。

案例指引四：合作出真知

三、制作熊猫

为了体验合作的快乐，教师让学生分小组制作熊猫。材料是橡皮泥。由小组成员协作完成，然后在全班展示自己的作品。

环节一，教师说开始，给大家5分钟，看哪个组做得最好。各组马上投入创作。5分钟后，各组派一个代表上台，利用投影仪向全班展示。结果各组的作品都很难看，有的组根本没有完成作品。教师问：是什么原因？学生说，没有协商，某某太着急了，等等。于是，教师说，再给大家5分钟，看看这次怎么样。

环节二，各组同学先决定怎么做才好，分工后再动手做。有的记录，有的捏头，有的捏腿，最后由一个同学组合。这次大家都完成了作品，但是作品的真实度并不高。教师除了让各组总结成功经验外，又提出了新要求——给熊猫配上背景。

环节三，各组重新改善作品，制作背景材料。小组成员集体上台，展示他们心中的熊猫生活和他们的期望。

如上所述，该活动的重点不是做一个惟妙惟肖的熊猫，而是建构环保知识，体悟合作的目的。学生由“不知道要做什么”到“知道如何去做”，再到“如何努力做得更好”，虽然教师在其中起了很大作用，但与传统做法不同的是，教师并没有直接布置具体任务，而是要学生自己发现问题、解决问题。良好的制作，需要这样的教师：能够和学生一起制定活动目的，尽可能使学生知道他们做的事是有趣的、有意义的；尽可能和学生一起设计制作程序，确定制作方法，包括一些需要考虑的细节，但要避免过于复杂的程序和方法，以免学生没有耐心完成作品；制作的环境、工具和材料，时间、合作者等因素，都需要事先有足够的准备；所制作的作品应与学习主题密切相关，理应有助于理解学习重点。

2. 艺术活动

主要指音乐、美术、舞蹈等表现活动。比如，音乐语言极易被儿童接受。他们喜欢唱歌，用歌曲表达情感更为直接、真实。仅从资源的角度看，反映或激发爱国主义、民族精神，体现人民生活情趣，沟通人类不同文化的作品，种类繁多且查找方便。教师依据学习主题选择恰当的曲目(特别是通过网络)，并不会给教师增添什么麻烦。问题还不是选什么样歌曲或唱什么歌，而是音乐能否帮助学生表达真情实感。在现实中，有些学生不愿意说话，但愿意唱歌；歌唱活动会消解学生的孤独感。总之，歌唱也是一种体验，它可以扩展儿童的欣赏范围，丰富他们的情感，培养正确的社会态度。同时，便于他们理解学习主题，特别是有关文化方面的认知。

还可以把音乐和舞蹈结合起来，让学生自己编剧，反映身边的生活现象。艺术活动的价值在于增进学生的想象力和创造力。从生活中取材，再用绘画、卡通、手工、服装、木刻、木偶的形式表现出来，基于儿童生活的品德教育就易于达成目的。当然，艺术活动以描述个人想法、表达个人观点为中心。所以学生个人的投入程度和他自己的满意度，成了教师指导的重点。这种指导着重于鼓励创作，并从创造中发现学生的潜能和品质，而模仿则是微不足道的。

案例指引五：荣誉！荣誉！[①]

学习活动：(1)教师示范唱哈利路亚，让学生熟悉歌曲的旋律，再邀请他们一起唱。与此同时，提问学生：你们是否听过这首歌？在哪里听见的？用的是什么形式演唱？是否有人对这首歌有更多的了解？唤起学生回忆，想象当时的情景。(2)播放磁带，让学生认真听，同时思考："歌词有什么意义？"教师向学生提供这首歌的历史背景，简单陈述美国和西班牙的交战原因。(3)将学生带进历史情境之后，再次歌曲，并从中体味歌曲的暗示：帝国主义的愚蠢行动，以及人们对这一愚蠢行动的反抗。(中略)(4)在教师指导下，学生承担歌手或乐手的角色，用他们喜欢的方式演唱"荣誉！荣誉！哈利路亚！"可以是合唱、独唱，还可以让每个学生只唱其中的某个部分。教师观察学生在唱歌或伴奏中的投入程度。

显然，这不是单一的音乐欣赏课或乐理知识课，而是借用音乐形象理解和感受一个历史事件，以及经历这一历史事件的人民的情感。教师从模仿开始，反复播放歌曲，使学生熟悉它的旋律，目的不是会唱，而是由回忆、想象、感动等一系列心理活动，引发对事实的理解。到后来组合式演唱，与其说是教会了学生一首歌，不如说是让学生记住了一段历史。

3. 游戏活动

游戏可以定义为一种有规则、竞争、成功者和失败者的活动。游戏和娱乐相关，其中包含了诸多的乐趣。当游戏用于教育时，通常被称为模拟活动，为的是不给教师造成只是为了娱乐的印象。品德与社会所运用游戏活动，注重认知各种规则，是比较严格的社会规则、法治教育的组成部分，所以它尽可能减少一般游戏中的运气成分。比如，在学习"友爱残疾人"的课题时，教师组织单手穿衣游戏；学习"合作力量大"的课题时，传球游戏等，一个是换位思考，增强人与人的理解，一个是认识规则的作用。

显然，游戏在教育中的价值在于：游戏有助于激发学生参与欲望，使他们不需要别人的催促就能够投入学习活动；游戏具有达成校外学习目标的功能，学生用游

① 引自美国 ERIC 教育信息中心资源库。

戏方式模拟各种社会角色，可以使体验变得更为真实；游戏能够影响学生的学习态度，因为人类的学习都含有模拟或游戏的因素，而且游戏提供了运用知识和技能的机会；游戏能够为学生提供与别人一样的经历，在游戏中人们相互影响着扩展和丰富学识。

三、精选和使用活动资源

品德与社会依赖教师达成有效学习，但是这并不意味着可以不要资源。有效课堂恰恰需要教师出色地运用各种资源。其实，仅仅是“基于儿童生活”和“促进儿童的社会性发展”这两条，资源就已经不只是增强教学艺术性的手段了，它是追求教学有效性的必备条件。

传统的课程资源通常分为两大类：(1)阅读性资源。包括传统的纸质资源(教科书、参考书、杂志、报纸等)和电子文本资源；(2)非阅读性资源(图片、地图、照片、地球仪、电影、遗物、遗迹、标本、博物馆等)。《品德与社会课程标准》则采用校内资源；社区环境资源；各种社会资源的分法。

在精选教学资源时，教师首先要明确应达到的教学目标。因此，需要特别关注以下问题：不是所有学生都喜欢同一种学习方式，利用不同的资源有助于学生理解和接受他应该掌握的学习方式；学生可以接受广泛的阅读范围，问题在于教师如何引导他们；任何一种资源都有两重性，教师需要把握不同资源的各自优势；选择和使用资源时，应该了解它的功能和性质，以免无故放大它的抽象性或复杂性；运用多种资源有助于激发学生的兴趣，并帮助他们建构知识；探究自主性学习方式需要大量的信息和资源；不同的资源可以为同一主题提供多种视角；如果只使用一种资源的话，可能会造成观点的偏差甚至偏见。有效教学要求教师在整个教学活动中对资源做认真的评估。比如，在备课时选用何种资源这个问题。首要考虑资源的性质，如淘汰过时的地图、劣质的电影、不准确的图片、缺乏实证的资料等。其次是考虑运用资源的技能。

(一)阅读性资源

1. 教科书

教科书是使用最为广泛且最为重要的教学资源。我国的中小学教科书是由教育部审定通过的，具有很高的权威性。因此，我们一向强调教科书是最有教学价值的工具。就教学设计而言，分析教科书是其中关键性的步骤，尽管教学不等于教教科书，但是在大多数情况下，教科书于教学还是具有不可取代的地位。

有效教学主张“用教科书”，就是把课程目标、教学方式与教学内容、学生需求整体考虑，使它们具有一致性。通俗地说，教科书要既利于教师的教也利于学生的学。所以，今天的品德与社会教科书，在编写、审定各个环节的要求越来越高。它必须依据《课程标准》编写，它基于儿童生活追求新型的儿童学本，在形式上生动活泼，在内容上丰富多彩，很吸引学生。总之，品德与社会教科书与传统的教科书不同。回归儿童生活的理念，促使教科书反映儿童生活，引导儿童生活、提升儿童生活。比如，教科书中选用的大量的图片和照片，就是追求生活性和真实性相统一的产物。这些图片、照片在教学中，本身就构成了独立的信息单元。

由于编写教科书越来越专业化，教育专家、学科专家、一线教师一同搭建专业平台，一方面使教科书更具有操作性、可读性和科学性，另一方面知识的精准度进一步加强，阅读和练习水平乃至教科书设计水平大为提升。与此同时，它也要求教师提高专业化水准，否则教师读不懂教科书就不是什么令人吃惊的事。

作为综合课程的品德与社会教科书，有相当的阅读难度，是不争的事实。尽管编者们已经在这方面做了很多努力。但是依然解决不了根本问题。概括地说，造成阅读难度的原因大致有：(1)学生的生活较学科知识复杂得多，教科书想反映学生真实生活的内容相对较为广泛，而且需要考虑多方面的生活要素；(2)教科书采用主题编写方式，学习一个主题要有多方面、多角度的问题，整合学科知识必不可少；(3)综合多学科知识需要接触各种概念和主题事件，但是教科书允许的知识容量十分有限；(4)教科书提供多来源、多方面的资料，这些资料作为教学素材，教师需要做进一步的研究。概括地说，简约形式的教科书，很难兼容太多的学习内容，但是品德与社会的知识广泛，迫使教科书必须压缩内容且不能减少必要的学习方面。更要害的地方还在于，品德与社会教师流动过大，专业进修机会匮乏等。

另外，这种高度浓缩的教科书，需要供给广大地方的学生使用(起码出版方是这样做的)，事实上它又不能照顾到具体地方的具体学习人群。所以“用教科书”，就意味着教师要针对具体的学习对象适时、适量地补充资源，我们习惯上叫“二次开发资源”。因为学生在教师不做任何指导的情况下阅读教科书，是很容易丢失有价值的部分。相反，经过教师开发后的教科书，诸如补充图片、地图、图表等，教科书才更具有学习资源的价值。

品德与社会重视设计和组织学习活动，并不是要丢弃教科书，而是把教科书作为一个重要的资料来源，灵活地运用于教学活动。这样，教师将会针对学生的不同需要使用教科书。依照教育专家的说法，教师的责任是帮助学生利用教科书的各种功能，而不是照本宣科。

使用教科书涉及两种技能：区分事实和观点；发现并理解中心思想。教科书不是单一的文字阅读文本，其中的资料、地图、图表、图片都可以用做探究性学习。为此，要求教师关注以下内容：

第一，依照教学计划通读教科书，再以单元学习为基点，逐一研读主题，建立主题之间的关系，形成以单元为核心的基本信息背景。这样做的好处是学习范围清楚，学习顺序连贯，也便于学生理解学习主题。

第二，了解教科书的结构和特色。每课的内容从课题入手，抓住课题的主旨思想，再通过本课内容提要或引言，提炼出一个教学中心。

第三，逐句逐字阅读课文，将教科书所反映的知识逻辑与学生生活、认知水平和兴趣倾向相联系，恰当地导入学习活动。

第四，准备所用的补充资源，预设它们的教学效果。

第五，确定学生的阅读难点，标注清楚并设定解决问题的办法。如果可以更细致的话，应该制定阅读难度等级。比如，哪些学生可能阅读很困难，哪些学生可能稍加指导即可。

第六，明确学生应做到的。比如，阅读速度、补充阅读，以及资料解释、查找信息等。

从阅读技能看，教会学生使用索引、目录、插图、年表、术语汇编，利用其他资料确认教科书的事实信息等，都是学生应该掌握的技能。

2. 地图

包括教科书提供的地图和专门的地图，以及利用网络提供的各类地图。在形式上，有出版社根据教科书内容配发的地图和相关练习。依照使用方式分类，有阅读地图、教学挂图、屏幕地图等。再概括些说，地图学习涉及普通地图和主题地图两大类，前者如政区图、地形图及根据学习任务描绘的各种平面图；后者有特定的主题，如气候图、物产图、交通图、人口分布图等。

品德与社会的地图学习非常重要，它是一种社会交往工具。利用地图可以超越国界和语言障碍，是现代人必须掌握的社会行动技能。培养学生的地图意识、阅图能力、空间认知能力，则是品德与社会的核心目标之一。

案例指引六：学习地图的实施策略①

一、《让我们来寻根》

“为什么是母亲河”一课的预习中，五年级的学生初次接触“中国地形图”，我首先启发引导学生“在哪里看到过地图”“学会看地图有什么好处”。学生有的从生活实际出发，举例说全家在自驾游途中依靠地图一路顺畅，愉快旅游的经历；有的说在电影电视里看到别人使用地图的情景；有的说在玩跳棋游戏时，用的就是地图。这一环节让地图学习与学生的生活建立链接。

二、《隔海相望》

我和学生一起“走进美丽富饶的宝岛”，视线穿越台湾海峡。在看《台湾省的位置示意图》时，让学生看着地图进行想象。有的学生说：“台湾就像一个襁褓里的小宝宝。”我便借此穿插闻一多的《七子之歌》。有的学生说：“台湾就像一片蕉叶，叶柄朝南，叶尖向北。”有的学生说：“台湾就像雄鸡上飘落的一根羽毛。”在这样的想象中，让孩子们从地理位置上，理解了台湾与大陆一水相隔的情况。然后，利用《台湾省物产图》，激发学生的情感。

这则案例运用地图感知学习内容，并借助想象激发情感，具有品德教育特点。这里借此引申一些有效的地图学习的一般做法。比如，为地图配备相关的照片、图

① 以下两段案例引自安徽省合肥市教研网朱君梅老师的《品德与社会地理题材中激发学生地图兴趣的实施策略》一文。Jys. hfjy. net. cn/showtopic. jsp.

片、图表、绘画，可以帮助学生在丰富的视觉形象中构建自己的空间认识，并增添更多的真实信息。既然地图作为一种交往工具来使用，地图学习的首要任务当是具有运用地图的意识，不仅仅是接触到地理学习内容时才想到用地图，而是能够针对社会生活、人际交往场景有目的的使用地图。在教学中，教师可以做到：

第一，让学生明了地图的广泛用途，认识到地图为什么能够超越语言等障碍。

第二，地图学习的核心内容是人地关系，应尽可能地关联学生的实际生活。

第三，具有基本的地图知识，为有效地运用地图打下基础。

第四，地图学习要循序渐进，做连贯、持续性的练习，以便学生能够自觉地运用它。

第五，在教学中时时注意澄清学生可能遇到的难题，如辨别方向。不过，像比例尺这样的难题，可以放到初中去学。

第六，指导学生了解地图术语，如图例、经纬度、海拔等。

第七，尽可能使地图学习变得有趣。如配备相关图片、照片、图表资料，以实物、漫画表现图例等。

第八，无论选用何种地图，其中的信息应该是科学准确的，包括指导学生手绘的地图。

3. 其他阅读资料

用于品德与社会学习的书籍很多，这里用“其他阅读资料”概括，以区别于教科书。首先是百科全书。在国外的社会科教学中，大英百科全书、科技百科全书等较为普遍，我们的学校图书馆建设，与他们有不小的差距。不过，随着硬件设施的快速发展，像百科全书这样的读物，会很快充实到品德与社会的资料库中(电子阅读或许更为常见)。

百科全书的价值在于能够简便、迅捷地查找许多主题资料。学生很喜欢百科全书图文并茂的编写形式，其中的图片和插图，也有助于他们熟悉知识网络，理解知识来源，激发探究欲望。如果教师能够不时地从中精选一些内容让学生阅读，就会养成学生有意识地使用参考资料的习惯。但是，百科全书毕竟不是品德与社会重要的教学资源，其内容也不宜作为重要的知识证据来使用，所以把它看成是扩充知识面，养成参考习惯的工具就好。

其他方面的阅读资料，包括名人传记、历史故事、社会常识等，教师可以根据学习主题列出书单，以备教学时随时参考，并精选其中的部分内容推荐给学生阅读。应该说，品德与社会课选用最多的阅读资料，是文学和历史作品。因为这些作品擅长讲故事，特别是对人物、事件的细节描述，更容易将学生带入情境，诱发积极的情感。需要注意的是：(1)作品的内容、语言风格应适于学生接受，并且有教育意义；(2)有情节且描写细腻，最好是以人物为中心或是拟人式的描写；(3)主题明确，语言生动、清新、规范；(4)最好图文并茂，包括配有地图、插图或照片；(5)不必刻意选择名家、名篇，但一定要对知识的科学性、规范性乃至权威性有所考虑。

(二)非阅读性资源

主要指凭借视觉和听觉传递信息的资源，它区别于印刷文字。严格意义上讲，学校使用的大多数资源都需要阅读，比如，阅读图表、地图，电影字幕等。但是，这类阅读更依赖形象符号，而不是文字符号。因为直接的形象感觉，更有益于情感、态度和价值观教育，所以品德与社会经常性地使用非阅读性资源。在数字化时代，非阅读性资源的开放性、交互性、便捷性、真实性和高效率特征，还会使它大派用场。

1. 图片资源

在各种视觉教具中，用途最广的是图片、照片和插图。他们可以用来澄清观点、表现真实情景、回忆事实，能够使品德教育进一步形象化。文字叙述尽管有诸多好处，但不如图片资源准确、栩栩如生，也不像突破资源那样能够快速地表达各种意思。在课堂教学中，图片资源常常被用做培养学生的调查技能，以致品德与社会教科书也大量使用图片，用以呈现事实、场景和人物。其结果是增加教科书的丰富性、可读性和真实性。对一些缺乏课程、教学资源地方的教师来说，可以充分利用教科书所提供的图片资源进行有效教学。

当然，凡是有条件的地方，教师应该自己开发这部分资源，一个重要理由是，图片资源跟着学习主题走才有意义，而如今的学习主题又以阅读资源为主。还是一个关注点，图片同样可以错用或造假，比如教科书会放错图片，用电脑技术可以移花接木等。如果教师能够把图片资源作为真实佐证的话，他就理应在使用图片时做好筛选和甄别工作。

2. 影像资源

品德与社会教学采用的影像资源(包括电影、电视)，都是经过教师精心选择和剪裁的，这项工作需要他们耗费很大的时间和精力。不过，很多教师仍乐此不疲，原因就是影像资源是启动学生的学习动机、展现故事场景、揭示人物心理和激发爱国情怀的最佳教学工具。特别是资料片和纪录片，在真实性方面是其他资源无可比拟的。另一个理由是影像资源在抓住学生的注意力的同时，也有助于他们增添所读材料的含义。

案例指引七：越南战争①

教学意向：给学生展示各种不带偏见的反映美越战争的影片；设计一份问卷，其中至少包含 5 个问题，调查对象至少 10 个人；这些被调查者在越南战争时期应该年满 15 岁；向全班同学报告问卷的结果，并简要向教师汇报。

教学资源：PBS 系列“越南”和“越南：10000 天的战争”。因为片子太长，需要剪辑。另外还有一个较好的材料，是 EAV 公司的“越南：批判性思维的个案研究”。

教学过程：(1)在开始本课之前，一定要让学生先看不带任何偏见的关于越南

① 赵亚夫，李建红．怎样收集证据——评析美国教学案例“越南战争”．中学历史教学，2008(10)．

战争的影片，如果影片带偏见的话，教师也应该让学生知道哪些属于偏见。EAV的题目是“越南：两种观点”。当然，教师的灌输要尽量少，以避免偏见。(2)在星期五布置，然后到星期一，最晚星期二交下列作业：设计一份问卷，至少包含5个关于越南战争的问题，并访谈在越南战争时期年满15岁的人，不少于10个人。这10个人应该涉及各个社会阶层，明确记载他们当时的年龄、性别、身份(如士兵、家庭主妇、反战者等)。如果设计的问题不到5个或者访谈的对象不够10人，就不能给分。在访谈的时候要做笔记，具体怎么记由自己决定，不过到时要交，而且还要就你的访谈和全班同学交流。只要按要求完成了作业，就能够得“A”，谁完不成谁就得“O”。(3)如果学生对这个作业有问题的话，要及时指导。但是，指导要尽量简洁，因为这是交给学生完成的作业。(4)要求学生客观地报告自己的访谈结果。报告的内容包括：问题、回答以及对被访者的描述。(5)当每个学生都报告完以后，问学生以下问题(可选择也可全做)：被访者的情绪如何？这些人以及他们的反应给你留下了什么样的印象？从大家的报告中，你能够得出什么结论？(6)教师可以问一些开放性的问题。如“那么，你怎么知道他们是实事求是地回答了你的问题？”“为什么你以前没有听大人谈起越南战争？”“为什么那些几乎没有直接卷入战争的人也会有这样的反应？”(8)帮助学生对美国的这段历史下个结论，写一篇简短的感想文。

3. 互联网资源

利用互联网收集信息已经成为品德与社会教学的有力工具，以致教师必须也是一个有“互联网素养”的人。不可否认，我们已身处数字化世界，同时还面临着数字化世界的挑战。

如今的学校，一方面加速建设数字化校园，努力促使传统的教学环境发生变化。新的数字化产品不仅作用于教学、课程，而且深深影响着学生的学习方式。另一方面今天的在校学生即在数字化环境中成长起来，从他们使用手机、ipad开始，也在悄然无声地改变着交流方式。表面看，他们频繁地与机器互动，越来越依赖电脑、手机生活和学习。互联网为他们提供广阔的知识来源，只要是他们想知道的事，互联网便能有海量的信息，时间是自由的，空间是开放的，教师的一本教学参考用书早不能向他的学生们隐藏知识了。教师可能在某些知识方面落后于学生。教室内还没有实现自由对话，在互联网上却可以多向的“互动”；学校内的教学还在“背多分”，互联网却呼唤高效率、高质量的个性化学习。简单地说，互联网呈现给学生的不只是他要知道的东西，而且还训练他知道如何索取东西。这就是我们必须面对的现实。

互联网为所有人自由地拓展知识提供了诸多的选择机会。无疑，利用互联网资源学习会比任何传统的学习方式更有效。互联网给学生造成的负面影响是有的，但是否说的自私、不读书、迷恋屏幕、缺乏运动、不会社交、没有羞耻心等，泰普斯科特在《数字化成长》一书已做了驳斥。在他看来，互联网让他们更聪明、更敏捷、更包容和更有责任感。起码在以下八个方面，他们做得更好：崇尚自由和选择权；追求个性化；喜欢交流；讨厌说教；天生就善于协作；会仔细监督你和你的组织；

坚持做正直的人；要求速度且重视创新。[①] 对在数字化时代成长起来的学生来说，互联网更像是一种文化形态，而不仅仅是一种技术和手段。

传统教学模式对所有学习环节事先要做周密的设计。在大多数情况下，教师的教学就是照着教案教。这种非常规范的教学，在帮助学生学会书本知识、考试取得好成绩方面，有明显优势，但是若说到学生的全面发展，特别是针对学生的真实能力而言，它的缺点显而易见。互联网学习的自主性远远大于传统教学，并且在事实上加速了个性化学习。"技术就像空气"无所不在，更重要的是"技术还像空气一样自由"，传统教学模式再有多少好处，学生已难以接受，关键就在它不自由。能够使个体学习者自由地创建个人学习空间和计划的，是互联网；可以由自己控制学习时间并实现自我学习管理的，是互联网；能够快捷地关联与学习主题相关的知识或技能，以及能够适时地调整各种复杂性难题，还是互联网。

品德与社会的有效教学，需要通过互联网建立自己的教学"数据资源库"。它除了连接学校图书馆、相关出版社等围绕教科书使用的单位外，还应该包括所有的社会公共资源，比如图书馆、博物馆、美术馆、各种文献中心等。也就是说，互联网的界限，就是"数据资源库"的界限。当然，它首先要服务于品德与社会的有效教学。比如，在实践和运用学科技能方面，"数据资源库"里充实资源和专门的指导；"数据资源库"会按照学习主题，规划系列的知识和技能资源。比如，地图学习不仅有分类，而且提供细致的解释，相关思考，关键问题的解题步骤等；提供顺序性学习方案，形成系列的教学"课件"，既便于学生自己学习必要的概念和知识，也指示给学生如何学会的途径和方法。

4. 社区资源

社区是学生生活环境的中心，在这里学生可以最直接的感受和观察大千世界。社区就像是教学资源的大宝藏，只要教师用心挖掘，品德与社会教学所需要的东西无所不包。诸如地理概况、人们生活、政府机构、公共服务、历史遗产，甚至社会矛盾、环境问题、贫乏差距等。从利用资源的角度说，一是把社区资源带进课堂；二是把社区作为教育现场直接去做体验性、探究性活动。其实，新版教科书中展示了很多这样的活动。比如，安排学生去社区的超市做调查，在社区内采访历史老人，参与社区的文明建设活动等。

利用社区资源，需要教师事先根据教学目标认真地加以选择。资源一旦选定，最好能够和学生一起确定实施方案，因为这个过程就是提升学生社会认识、增长知识和熟练技能的过程。

案例指引八：家庭万花筒[②]

教学目的：(1)了解家庭模式的演变过程，对家有一个比较全面的了解；(2)介绍浙江浦江的郑义门，学习郑家孝顺、忠义的传统美德；(3)说说自己家庭的优良

① 泰普斯科特著．数字化成长 3.0. 北京：人民大学出版社，2009：66～87.

② 执教者为何莉平老师。www.sjsfx.com/v/onexs.asp.

传统，制作“特色文明家庭卡”，倡导“环境家庭”和“低碳生活家庭”。

三、体会家庭美德

“江南第一家”，又称郑义门，位于浙江省浦江县郑宅镇，是饮誉中外的古代文化重要遗址。居住于此的郑氏家族，以孝义治家名冠天下。自南宋建炎年开始，历经宋、元、明三朝，十五世同居共食达360多年，鼎盛时有3000多人同吃一锅饭。1385年，朱元璋亲赐“江南第一家”。

孝感泉：郑义门有一口井，名叫“孝感泉”。传说南宋初年大旱，郑绮的母亲生病，卧床不起，想喝清凉的泉水。孝子郑绮却四处找不到泉水。几天以后的一天，郑氏义门上空降雷雨，地还被闪电炸了一条缝引出了泉水，郑家就此扩成井，盖了亭子。至今人们饮这口井的水已经七百多年了。我国民间用“孝感动天”的故事，教化人们以孝为先。

东明书院：是郑家供子孙读书的地方。郑家规定，16岁以上的男子必须在此读书。大学问家宋濂曾在这里教了20多年，为郑家培养了很多人才。

条件允许时，这样的学习应该在现场进行。事先教师和学生都需要做充足的准备，教师还要预料到一些可能的困难。如果教学计划过于粗糙，甚至过于随便地就把学生放出去，不仅不会获得良好效果，恐怕还会出现危害学生安全等严重的情况。所以，教师一方面对学生走进社区应抱积极的态度，一方面又需谨慎地对待任何行动细节，包括进走路线、环境安全、小组构成、家长签字以及经费预算等。

作为可利用的社区资源的场所，不同地方的丰富程度差异很大，下面笼统地罗列一些，仅供参考：图书馆；博物馆；美术馆；民俗馆；公园；纪念碑；纪念馆；历史遗址；自然保护区；动物园；水族馆；邮局；购物中心；商店；医院；消防队；法院；派出所；火车站；气象局；天文台；机场；工厂；农场；渔场；海港；林场；广播站等。

四、学习成就的有效评价

测量与评价对于品德与社会都很重要，它们贯穿于有效教学的全过程。教师希望教了就有效，最好是能够立竿见影。比如，教会学生辨别方向。可以通过纸笔测试，确认学生的掌握情况。也可以通过实地检测，考察实际运用技能。教学目标不同，测试教学成效的手段各异。过去，比较注重用纸笔测试的方法测量概念的东西，如今强调多角度、多方面评价学生的认知能力。理由是，课程功能和教学理念有了很大的转变。

今天的品德与社会与思想品德课、社会课相比，有着更多、更高的预期成效，因此它的评价方式理应多种多样。事实上，有效评价依赖教师的能力，而不是纸笔测试。唯有教师按照精心预定的目标教学，选择恰当的方法，才能促使学生的进步。即教学评价，着眼于教师所确定的教学目标、学习计划，教学中的恰当指导、问题解决、共享资源、小组合作的效果，处理课堂情况、控制课堂纪律、引导学生参与、激发问题生成的能力，以及承担责任、尊重学生的品质。有效教学与高效教学有很多相似之处，有效教学包含高效，但是高效教学不一定就都有效。因为有效教学必须证明学生通过教学真实地发展了学习能力，有效教学评价则是针对这个目标给出的证明。

1. 发展性评价(Developmental evaluation)

泰勒(Ralph Tyler)的《八年研究》(1933～1940)实验报告，标志着现代教育评价的诞生。他认为，“评价过程在本质上是确定课程和教学大纲在实际上实现教育目标的程度的过程。但是，鉴于教育目标实质上是指人们发生的变化，也就说，所要达到的目标，是指望在学生行为模式中产生某种所期望的变化，因此，评价是一种确定行为实际变化的程度的过程。”[①]我们熟悉的泰勒四条理论，包含了从测量到评价的基本命题，它们是：(1)应当帮助学生达到怎样的教育目标；(2)为了帮助学生达到教育目标，应当提供怎样的学习经验；(3)怎样组织学习经验，以使这些经验的积累效果最大；(4)怎样评价方案的效果。

到20世纪六七十年代，以回应和协商为特征的评价逐渐替代以描述为特征的评价，发展性评价开始成为主流的教育评价。[②] 20世纪80年代的“评价改革运动”，诞生了档案袋评价、表现展示评价等多种评价方式。“评价＝测量(量的记述)或非测量(质的记述)＋价值判断”成为发展性评价有代表性的解释。史晓燕在《发展性教育评价的理论与实践》一书中，就发展性评价的特点、价值取向、功能做了如下总结：

特点包括，体现民主协商精神；关注目标的非预期效应和效果；注重评价标准及角度的多向化；强调评价过程的周期性。

价值取向：以目标为取向的教育评价关注评价的目标，重视评价的结果，以目标达成作为评价的基本手段；以过程为取向的教育评价强调过程本身的价值，强调评价的真实情境，认为只有在实际的教育环境中才能够获取有价值的信息，才能够反映评价对象的真实表现；以主体为取向的教育评价强调评价是评价者与被评价者共同建构的过程，被评价者是评价的主体，其不仅要参与评价，而且还在其中起着积极的作用，主动地与评价者协商评价方案，不断地反思自己的行为，通过评价不仅能改进和提高对教育过程的认识，还同时理解了评价本身的意义。

功能：(1)面向未来。以往的评价以实证主义为哲学基础，发展性评价以建构主义为哲学基础，不简单地对评价对象进行是非或优劣的判断。它不面向过去做评价，而是着重对过去的评价正是为了未来的发展，重点是评价培养过程。(2)促进发展。以往的评价以奖励为目的，因此表现为一种终结性评价。发展性评价是一种

---

① 瞿葆奎主编．教育评价(文集)．北京：人民教育出版社，1988：263.

② 美国学者认为评价经历了四代：第一代以测量为标志，在19世纪后期到20世纪20年代；第二代以描述为标志，在20世纪30—40年代；第三代以判断为标志，在20世纪50年代末到60年代；第四代以回应和协商为标志，出现在20世纪六七十年代。

形成性评价，要通过评价过程帮助评价对象取得进步和发展。[①]

然而，发展性评价一样需要科学地定量和定性。于是，定量评价和定性评价作为基本的方法不可或缺。因此，推进发展性评价的同时，还要求我们充分把握定量评价和定性评价的基本含义和内容。

2. 定量评价(Qualitative evaluation)

定量评价又称“量化评价”，它采用数量化的方法对教育事实从数量方面进行描述、分析和计算，并对其价值进行判断。在教育评价中，评价者通过收集所欲评价对象的数据资料，并利用数学方法分析及处理数据资料，从而做出定量结论的价值判断。定量评价是目前教学评价中使用非常广泛的评价方式，如目前教学中一般采用的客观性考试、标准化测验、等级评价等都属于定量评价。

其操作过程表现为：在对评价对象进行全面深入的定量分析之后，制定出量化指标体系，然后按照量化指标对评价对象进行描述、分析和计算，最后做出价值判断。教育评价中采用定量评价的具体方法多样，如运用教育测量与统计的方法，模糊数学的方法等，对评价对象的特性用数值进行描述和判断。例如，在一项调查合作教学法与学生学习成绩的实验研究中，教师通过收集控制组(采用普通教学法的小组)与实验组(采用合作教学法的小组)的学习成绩，并以统计学方法对所收集数据进行统计学处理、分析，然后根据统计学分析结果，对这次合作教学法的教学效果做出判断与结论。教育评价的实施过程中，对教育活动范围的大小、影响程度的深浅、教育作用的轻重以及教育对象思想认识和行为表现的具体程度等，通常都运用定量评价的方法。

定量评价能使教育评价中一些含糊概念清晰化、精确化，使主观随意性的程度减弱，提高评价结果的客观性与精准性，有助于提高评价的区分度以及增加评价的说服力。在采用定量评价方法时，对能够量化的事物要尽可能量化，以便计量和横向比较。随着测量和评价理论的发展，定量评价的形式越来越多的应用到教育领域中。尽管如此，目前教育现象中仍有许多难以量化或无法量化的因素，因此定量评价在教育评价中仍有其局限性，不能片面地夸大其作用，而应该注意定量评价与定性评价方法的结合。

3. 定性评价(Quantitative evaluation)

定性评价又称“质性评价”。定性评价相对于定量评价，它采用非数量化的方法对教育事实从性质的角度进行分析与综合，然后做出原则的、趋向性的价值判断。在教育评价中，评价者根据评价对象平时的表现、现实状态或文献资料的观察和分析，直接对评价对象做出定性结论的价值判断。日常教学评价中教师的评语、档案袋评价等都属于定性评价。

定性评价在操作上具有以下特点：

第一，依据一定质量的要求，划分等级标准的区间，建立一个由相对模糊的量

---

① 史晓燕著．发展性教育评价的理论与实践．石家庄：河北教育出版社，2003：9～11、18～20.

构成的评价指标体系。

第二，将所收集的资料和信息对照参照指标体系，对评价对象进行分析、推理和价值判断。

第三，要求评价者客观公正，不带情感色彩，避免评价结论带有人为的主观性。

定性评价的具体方式多样，如个人判断、多人判断、专家评定、现场会议、综合评判等。其表述形式也是多样化的，包括等级评价法、写评语等都是常见的方法。在定性评价中进行评价表述时，必须注意三点：一、结论中肯切实，具有权威性；二、分析问题全面系统，力求揭示事实本质；三、用词准确，恰如其分，具有概括性。

定性评价虽然有时主观性比较强、不够精确，且只能概括性地对某个问题进行评价，但却能起到定量评价难以起到的作用。由于教育现象是十分复杂的，其中存在许多难以量化或无法量化的因素，具有模糊性，因此定性评价在教育评价中是不可缺少的，其应用范围甚广，且近年来越来越受到重视。①

下面从操作的角度，为一线教师提供几种品德与社会课常用的评价方法。我们不再拘泥于它们是何种评价方式，而是希望通过这些方法能够更有针对性、实效性地达成课程目标。

(一)课堂行为评价

威廉·威伦(Willian Wilen)认为，课堂行为评价有目的、类型、过程、测试和成效五个方面。目的由形成性评价、终结性评价确定；类型区分测验(主观类或客观类)与真实性评价(评价量表、档案袋、方案及调查、观察和询问、访谈和座谈)；过程包括内容选择、数据收集、标准应用、结果报告和运用四个部分；测试则有常模和标准两个参照系；成效主要指教师个人的评分系统。② 概括其要点，一是澄清学习者的目的，明确学习者理当知道的学习重点；二是知晓学习者能够在什么地方、用何种方法获得学习成就，并尽可能避免不必要的挫折；三是让学习者了解自己不知道什么，促使习得知道怎样知道的技能；四是教育者理应清楚预定目标的实现程度，以便更有针对性、实效性地完善教学计划或设计；五是教育者须把教学成效与预期的目标进行比较的技能；六是教育者须不断反思自己教学效果，并有责任向学生、家长和学校呈现教学的有效程度。

《课程标准》基于品德教育的基本要求，提出：“评价的根本目的在于积极促进学生发展，全面了解和掌握学生的道德和社会认知、判断、行为，以及发现和解决问题等方面的能力，以帮助教师改进教学，提高教学的实效性，保证课程目标的实

① 赵亚夫，高峡主编．品德与社会教学基本概念解析．北京：教育科学出版社，2007：18.

② 威廉·威伦等著．有效教学决策(第6版)．北京：教育科学出版社，2009：348.

现。"[①]为此，采用多主体、开放式的评价方式。方法则鼓励综合运用观察记录、描述性评语、达成水平评价、作品评价、学生自评与互评等。总之，评价方式要灵活多样，评价主体也相应地多元化。在教学实践中，教师可关注如下做法：

第一，以促进学生发展为本，关注评价过程。

在教学过程中，学生是生动、独立的个体，也是求索问题、探索知识的主体。所谓促进发展，就是通过教学、特别是课堂教学活动有效地提高学生习得知识和掌握技能。

第二，明确评价目标，注重评价的多元性。一是从整体出发，二是要求教师在明确目标的同时，确立评价重点，以便在评价过程中，既不以偏概全，又能够突出重点，使评价更有针对性。

第三，不要轻易游离既定目标进行评价，同时又要根据教学现场的实际反馈和生成性问题，灵活调适评价内容，做到不拘泥于预定目标，而是以学生实际发生的情况作为评价依据。

第四，评价主体多元，便于整合教师、学生、家长和他人作为评价视角和观点，对改变教师是唯一评价主体的现象以及尽可能杜绝一言堂或过于武断的评价大有裨益。

第五，评价方式多元，有助全面、真实、深入地了解学生的个性、倾向和发展水平，有助于帮助学生调整、改进和提高自己的学习。常用的方法有自评、互评和他评等，最好总结使用。当然，评价尺度也应该是多元的。所谓"多一把尺子衡量学生"，中心意思是要教师看到学生的差异，并尊重这种差异。

案例指引九：课堂观察记录与分析

观察、记录学生的学习情况、状态，是教师做有效评价的工作之一。教师的观察技能主要体现在撰写观察日志、找到解决问题的重难点、分析教学现象、积累客观化教学信息。大致的内容：(1)清楚、确切地说明评价对象的特性，即儿童行为的具体表现；(2)有针对性地进行观察和研究，而不是"大体上"知道或了解；(3)用文本、数据、图表等方式记录观察结果，不能够只依靠记忆。

表 1 课堂观察记录与分析

基本信息	教师姓名；所在学校；观察实施时间等		
观察对象	______年级学生	课题	所教内容
观察项目	教学过程客观描述	教学实施分析	教学行为改进建议
课前情境创设(激发学生学习兴趣的问题情境创设)			

---

① 品德与社会课程标准(2011 年版). 北京：北京师范大学出版社，2012：24.

续表

知识的理解和深化（学生思维的启发和引导过程）			
知识掌握后的运用与展示（学生表现、参与活动的质量）			
对学生学习情况的把握与调适（学生学习反馈的引导和教学调整）			

依据不同的观察项目，用于观察的表格可以层出不穷。如广东省莞城中心小学的教师为提高品德与社会的教学水平，在课堂观察诊断方面做了大量工作，这里举其中几个观察量表。

表 2　课堂观察量表[①]

（1）学生情感体验的深度观察记录表

教学内容：　　　　授课教师：　　　　上课班级：　　　　班级人数：

观察时间：　　　　观察地点：　　　　观察教师：

情感体验点	教学活动	教学手段	学情记录	时间记录	情感体验深度			简要分析
					深刻	一般	冷淡	

（2）情感体验深度记录分析统计表

情感体验深度	感受深刻	感受一般	感受冷淡
次数			
占总次数百分比率			

（3）教学活动形式观察记录统计表

活动形式	讲解	对话	示范	讨论	游戏	讲故事	其他
活动次数							
占总数百分比率							

① xxpd. dgjyw. com/Article/UploadFiles/201103.

(二)等级评价

等级评价是一种综合评价方式。指教师针对测验和课外作业等各方面的结果，对学生的学习过程进行评价，学习的最终结果由等级表示。一般而言，教师应首先仔细考虑分级标准，并考虑每个标准的权重。比如，若分级标准是以学生的考试成绩、主题活动、家庭作业完成情况与课堂参与情况为准，那么各项权重可以这么分配：

评价标准	最终分级权重	评价标准	最终分级权重
期末考试	30%	主题活动	10%
期中考试	20%	家庭作业完成情况	10%
每周小测验	20%	课堂参与情况	10%

或者教师在教学中使用了档案袋，教师可根据档案袋中不同权重的内容对学生的表现进行等级评价。总而言之，不同测验或学习任务的重要性程度是不同的，学生在其中表现的权重也就不同，教师们可根据自己的考虑制订分级标准与权重。因此，教师们可以有一本成绩记录本专门记录学生每次学习表现，以便于按标准分配与计算不同权重的测验或评价结果。

在等级描述符号方面，主要有三种：

第一，字母等级。一般以 A、B、C、D、F 依次来描述等级，等级 A 表示优秀，等级 F 表示很差。在美国一些地区，还允许教师在字母后面加上“+”或者“－”，由此，原来的五点量表(A、B、C、D、F)就变成了 15 点量表，等级 A+表示极为优秀，等级 F－表示最差。

第二，数字等级。数字分级的满分一般是一个指定的数字，如 100、50 或 10 分。学生一看分数就知道自己的成绩，比如“7 分，满分 10”。

第三，言语表述等级。言语表述等级是指教师以“优秀”“满意”“有待提高”之类的言语对学生的表现进行评价。表述的数量——即言语表述等级的等级数——取决于教师。

等级的评价并不简单地等同于得分的计算。例如，在 20 道是非题的得分计算时，教师只需数一下学生答对的题数，然后除以 20 即可，但这种简单的分数计算法得出的只是“正确百分数”，并没有给学生评定等级。若要就此对学生进行等级评价，教师还必须说明正确率的好坏，因为采用等级评价法是为了反映学生表现的情况。

常见的等级评价法主要有四种，它们不仅适用于期末或学年末的综合评价，也适用于学生平时表现的评价。

第一，绝对的等级评价法。绝对等级评价法是依据教师认为学生真正需要达到的等级进行评价。比如，在一项知识测验中，教师认为熟练的绝对水平是 A，若班级中没有一位学生达到该水平，那么该班级中所有学生的等级都不能是A。相反地，若教师认为班级中所有学生都达到这一水平，那么所有学生的等级都应该是A。在绝对等级评价中，学生所处的等级必须确实达到与此等级相应的合理期望水平。

第二，相对的等级评价法。相对等级的评价是依据学生相对于其他学生的表现情况来决定的。在一个班级中，学生的表现肯定有所差异。表现突出的学生不管其绝对水平的高低，等级一定会较高；表现总是比其他同学差的学生，不管其分数多少，其等级肯定就低。相对等级评价法的等级期望因班而异，具有一定的灵活性，一般教师比较偏好这种等级评价法。

第三，基于能力的等级评价法。基于能力的等级评价法是教师根据学生表现相对于学生能力水平的符合程度来确定等级的。举个例子来说，若某位特别优秀的学生其表现比班级中任何同学都强，但他未能达到老师认为的与其能力相应的优秀水平，那么该学生的等级就应是B，而不是A。因此，在采用基于能力的等级评价法时，教师对学生真实学业能力的了解就尤为重要。这种等级评价方法的主要观点是根据学生的内在能力评定等级可以促使学生充分发挥他们的潜能，但其最大的难点就在于很难确定一位学生的真正潜能。

第四，通过或未通过的等级评价法。此评价方法是教师通过设定一个“通过”的最低熟练水平，把学生分为“通过”与“未通过”两组。这种评价方法对于教师来说比较省事，但其难点则在于对处于通过与不通过边缘地带的学生作出绝对的评价。

品德与社会倾向于综合的等级评价法，即教师综合学生各方面表现后做出判断，包括考试成绩、努力、态度、课堂表现以及进步情况。使用此方法是希望学生在这五方面都能取得很好的成绩，并希望识别出那些因为某一方面表现不好而导致成绩较低的学生。但此等级评价法没有较为量化的科学方法，它没有根据学生多方面的表现给出一个很明确的等级，由此评定的等级较为模糊。

案例指引十：小组讨论评价表

评价小组讨论需要根据教学目标准确定位期望学生所获得的知识，评价量规应该具体。比如，参与小组活动的积极程度、与别人合作的态度、努力完成自己的分内工作。还可以具体到是否安静地工作、知道到哪里找资料、遵守游戏规则等。

	出色	良好	一般	无表现
清楚地表述观点				
不偏离主题				
尊重他人的观点				
用证据支持观点				
有独到见解				
遵守讨论规程				
有礼貌的发言				
有助于小组形成总体观点				

上述量标需要学生熟悉，并且预算出评价所花费的时间。学生可以自己评价自己的等级，也可以采用学生协商后再评定等级的办法。不管怎样，这一评价的着眼点是促进有效的小组学习。

(三)能力目标的评价

能力是一种心理特征，它是顺利实现某种活动的心理条件。能力包含了两个方面的内容：一是指对某项任务或活动的现有成就水平，人们已经学会的知识和技能，通常就代表了他的能力；二是指容纳、接受或保留事物的可能性，指个体具有的潜力和可能性。能力的高低会影响人从事活动的效率。

按照不同的标准，可以将能力进行不同的分类，在这里主要将能力分为两类：

第一，一般能力。指在不同种类的活动中表现出来的能力，如观察力、记忆力、抽象概括力、想象力和创造力等。其中抽象概括力是一般能力的核心。日常生活中我们所说的智力就是指一般能力来说的。

第二，特殊能力。特殊能力指在某种专业活动中表现出来的能力。它是顺利完成某种专业活动的心理条件。

能力作为一种心理特性，不同于物理现象的特性，它看不见，摸不着，不能直接进行度量。但是，一个人的能力又能通过它成功地解决各种问题的活动表现出来。因此，能力与人的行为活动的这种内在联系，为间接地评价人的能力提供了客观可能性。对于能力的评价，按照能力的分类，可分为：

第一，一般能力测验。一般能力测验即智力测验(intelligence test)。常用的智力测验有：斯坦福——比奈量表：为一种年龄量表，以年龄为测量智力的标尺，规定某个年龄应该达到的某一智力水平；韦克斯勒智力量表：由语言分量表和操作分量表组成，对个体智力状况进行综合测量与评价，但只能给人一个相当笼统的概念；瑞文测验：为一种非文字智力测验，通过要求受测者对量表中的图形关系进行推理，测量图形比较、组合以及系列关系、互换等抽象推理能力。

第二，特殊能力测验和创造力测验。又分为：(1)特殊能力测验。相对于一般智力测验，特殊能力测验更侧重于一些专业化的、某一方面的成就，测验的设计因不同专业、方向而异，包括：音乐能力倾向测验、艺术能力倾向测验、学科学习预测和职业指导的特殊能力测验，等等。(2)创造力测验。在心理学研究领域中对创造力的定义众说纷纭，但从总体上看，心理学家基本上都认同创造力的基础是发散式思维能力，包括思维的丰富性、新颖性、独创性、批判新以及创新性等。因此，绝大多数的创造力测验都把重点放在测量发散式思维能力上。

(四)态度目标的评价

态度是情感组成的要素之一。学习过程中，学生的态度将直接影响学生的学习行为与学习效果。比如，一位态度积极的学生在学习上碰到困难时，他将努力寻求资源解决难题，从而得到提升；学习态度消极的学生在碰到困难时，也许就会选择逃避或放弃。因此，在教学过程中，把学生的学习态度纳入教学目标进行评价具有重要意义。

在教学过程中，学生的态度目标可能是多种多样的。在这里列举一些教师们普遍认为合理的态度目标：(1)对学科的态度。在教学结束后，学生对于教师所教学科的态度应比教学刚开始时更积极。至少学生在教学结束后对有关学科不再有消极态度。(2)对学习的态度。学生应对学习持有积极的态度，这将有助于学生逐渐发展成为热爱学习的人。(3)对自我的态度。自尊指的是一个人对自身的态度。课堂中的经历对儿童自尊的发展有着重要的影响。(4)对自我作为学习者的态度。如果儿童认为自己是善于学习的学生，那么他会更倾向于积极参与学习。在这方面，教师无论是有意或无意中对学生的态度、引导、评价等将对儿童产生重要的影响。(5)学生对他人的态度。学生对不同于自己的其他种族、性别、国家或宗教群体的成员持有越宽容、越开放的态度，将有助于儿童与他人友好互助。此外，还有很多的态度目标，依据教学计划以及教师教学需要而定。

对于态度目标的评价，按照克拉斯沃尔、布卢姆和玛西亚对情感领域的分类，可分为五种等级水平的情感行为，这也是态度目标评价的五个维度：

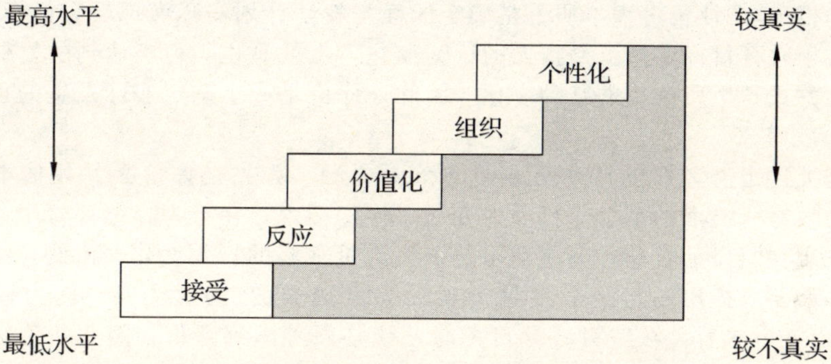

这五个等级由最低等级的接受水平逐级上升为最高等级的个性化水平，较高水平的目标包含并依赖于较低水平的情感技能。沿着这个等级越往上，个体就会越用心，越投入，越依靠自己，逐渐让自己的态度不再受别人的支配。

态度目标的评价方法有很多，在这里介绍几种操作较为简便的评价方法：

第一，自陈方式评价。自陈方式评价是通过让学生完成一份自陈量表(self－report inventories)来了解学生的态度状态。在采用这种方式时，要为学生创设适当的情境，让学生采用匿名的方式回答，这样学生在量表中所做的自我报告的真实性会较有保障。这种自陈量表的应用十分普遍。自陈方式评价直截了当的自我陈述方式对教师而言操作起来简单、方便，对于工作忙碌的教师来说，是十分方便的评价方式。

第二，利克特量表(Likert scale)。利克特介绍的态度测量方式是有效的情感目标评价方式，至今仍被广泛使用。在我们的日常生活中，或多或少都回答过利克特问卷。利克特量表中通常列举了一系列陈述，要求你表明是否同意。比如，在一项新书读者反馈调查问卷中，要求你阅读一些陈述，如“阅读这本教育评价的书是我职业生涯中最好的一次经历”，然后从备选一件中选择其中一项，以表明你对这一陈述的态度。对于成人来说，备选意见一般包括非常同意、同意、不确定、不同意、非常不满意这五个层次(即五点量表)。

教师在编制利克特量表时，要根据所教学生的年龄特点，对量表中的陈述方式、陈述数量、反应选项的措辞进行适当的调整。对于低龄儿童，陈述时要使用简短的句子，选用的单词也必须简单易懂，必要时教师甚至可以大声朗读陈述。在反应选项的设计中可以只用三个(如同意、不知道、不同意)或两个层次(喜欢、不喜欢)，而对于年龄较长的儿童，则可以考虑采用五点量表。儿童的语言能力是设计利克特量表时必须重视的参照。

(五)行为目标的评价

行为目标评价最早是由美国教育家泰勒在20世纪30年代提出的。泰勒通过历时八年的研究后提出的“行为目标评价”开创了教育评价领域的新纪元，使“教育评价”成为教育的有机组成部分，使“教育评价”成为了一个专门研究领域。

泰勒指出，“评价过程本质上是确定课程与教学计划实际实现教育目标的程度。然而，由于教育目标实质上是指人的行为变化，也就是说，力求达到的目标是要使学生行为方式产生所期望的某种变化，因此，评价是一个确定实际发生的行为变化的程度的过程。”

根据上述定义，评价具有两方面的重要内涵。首先是评价必须评估学生的行为，因为教育所追求的是学生行为的变化。换句话说，在行为目标评价中，“行为”这个词出现在“目标”之前，因此学习被定义为可观察的行为变化。由此，编写行为目标时，就要求提出的行为必须是可观察和可测量的(通过测验、能力倾向调查等)，这也就意味着，在编写教学目标时，就必须考虑到评价，因此评价被整合到教学过程中，评价本身不是目的，而是达到目标的手段。其次是评价必须包含至少一次以上的评估，因为要发现学生行为的变化情况，就必须在开始阶段进行一次评估，在最后阶段进行多次评估，以确认行为是否发生变化。因此，泰勒强调，既然评价涉及获得有关学生行为变化的证据，那么无论什么方法，只要能提供教育目标所期望的行为变化的有效证据，都是合适的评价方法。

不论哪种评价方法，行为目标评价的主要程序一般都包括三个步骤：

第一，界说教育目标。也就是对教育目标所隐含的行为，通过准确的语言描述出来。因为教师要知道教育目标的实现程度，首先要明确自己期待学生的行为产生怎样的变化。操作要求包括：(1)界定条件。陈述在什么条件下来评价学生的学习。(2)确定行为表现。即期望学生做什么的目标陈述。在这部分，行为目标的描述用语(即行为动词)是极其关键的，必须明确、直接了然。(3)陈述标准。陈述达到目标所学的表现水平。

第二，确认评价情境。评价情境是能使学生有机会表现教师想要评估的那类行为的情境，为了保证评价的效度，必须为学生提供一种评价情境，使其将获得的行为变化充分表现出来。理想评价工具的编制须做到：(1)清晰地界说教育目标所要求的行为；(2)实际试行能使学生有机会表现教育目标所期望的行为的一些情境；(3)设计一些在该测验情境中获取学生行为记录的手段，如用以对学生行为进行观察记录的"观察者检核表"等；(4)确定将用来总结或评估所得到的行为记录的名称或单位，这包括两点，即确定要进行评估的行为方面的特征，以及确定用来测量或总结这些特征的单位；(5)确定所编制评价工具的客观性、信度和效度。

总的来说，行为目标评价强调评价对象必须是外显的、可观察的、可测量的行为。通过上述行为目标的评价程序进行评价所得的结果是对预定教育目标实现程度的基本判断，同时也是课程与教学计划修改的重要反馈信息。

(六)档案袋评价

档案袋评价是一种从实践中涌现出的评价方法，译自英文"portfolio assessment"。从语义上分析，Portfolio有文件夹、公事包的意思，其中还有一个意思是"(艺术家等)代表作选集"。艺术家及后来的摄影家最早使用了这种"代表作选集"方式，他们把自己有代表性的作品收集起来，然后向其委托人展示。"代表作选集"也就是艺术家们对自己作品的自选集。"档案袋"应用到教育领域中，结合了"代表作选集"的形式，发展成另一套与传统的标准化评价不同的教育评价模式。

档案袋评价是指在教学过程中，收集学生在一段时间内的作品样本，建立学生学习的档案袋，由此展示学生的学习和进步状况，并进行评价。换句话说，档案袋是学生成绩有计划的汇编，它收集了学生已经完成的作品样本以及达到该成绩所经历过程的资料。因此，档案袋评价与传统的标准化测验的最大区别就在于，它评价的不仅仅是学生在某一时刻的特定表现，而是学生在一个时段内学习水平、成绩以及重要成果的成长过程，涵盖了一项学习任务从起始阶段到完成阶段的整个跨度。

档案袋的内容，由学生和教师(或家长)共同决定，学生根据教师提出的一些基本要求，对自己学习的材料或作品等自主选择，放入档案袋中。档案袋中的内容不一定是完整的作品，也可以包括学习过程中的一些准备资料。例如在写作课的档案袋中，除了学生完成的文章外，也可以把一些反映学生作文进步或写作过程的材料纳入档案袋中，包括从最初的草稿到最后的作品、读书报告等。

档案袋评价大致包括以下几个步骤：步骤一：确立建档目的；步骤二：确立档案规划者(可以由教师、学生和家长等共同承担)；步骤三：决定档案袋内容与条目；步骤四：建立档案评价细则；步骤五：确立档案袋的展示细则。

在档案袋评价中，较之传统标准化测验的终结性评价而言，通过这种过程性评价学生对于自己的学习更多了一份自主学习的机会。由于传统评价追求客观性，因此从标准制定、试题选择直至分数判断的整个评价过程中，学生都是被动的。相反的，在档案袋评价中，着重评价的是学生学习成长的过程，强调学生展示自己的学习，或展示自己运用所学知识和技能等来完成学习任务。因此，在档案袋评价中，学生成为了档案袋内容的一个实施者，甚至是主要决策者，学生学习的自主性大大提高，从而提高学生学习的积极性。此外，由于学生是档案袋内容的决策者，在建立档案袋内容与体系时的考虑，有助于促使学生对自己的学习进行自我反省与自我评价，促进反思性学习与独立性学习。另一方面，由于档案袋评价注重的是学生个体学习成长的过程，因此学生可根据自身发展特点调整学习，较之客观标准化评价而言，档案袋评价更有利于满足学生个体差异的发展。

尽管档案袋评价有许多优点，但档案袋的使用仍存在许多争议，其主要争议在于档案袋评价的信度难以令人满意，不同的评价者对于同一份档案袋所作出的评价往往截然不同。此外，档案袋评价需要师生付出大量的时间，也在一定程度上限制了它的应用范围。因此，目前档案袋评价未能成为独立的评价模式，而更多的是将它与其他客观的、标准化的评分标准结合使用，形成一种组合性的评价体系。

（七）反思性评价

反思性评价是指教师与学生在教与学过程中有意识的、主动的对自身的教与学活动进行自我评价的一种方式，通过自我反思促使教师与学生“发现问题”与“解决问题”，并通过评价成果进一步促进教与学的过程。

反思性评价是相对于常规性评价而言的，常规性评价中，仅仅是教师对学生进行评价，学生在评价中是被动的。此外，常规性评价中也忽略了教师对自身的评价。反思性评价则同时强调教师与学生对自身教学与学习进行主动地自我评价，从而进行及时调整。换句话说，在反思性评价中，教师和学生同时都是评价的主体，教师必须有意识地对自己的教学活动进行主动地反思，同时学生也必须对自身的学习活动积极思考，两者在多元、客观、开放的动态评价过程中，根据基础性发展目标和学科学习目标的完成度、学与教策略的有效性等方面即时生成的信息，主动反思、不断调节教与学的行为，以促进教师的教学与学生的学习相统一的发展性评价方式。

教师的反思性评价主要集中在四个方面：第一，对教学进度和步骤进行自我评价，增强计划性，确定适合学生或课堂具体情况的策略以及完整的实施方案。第二，对课堂上学生注意力情况自我反思，从而借助富有吸引力的教学手段，使学生的注意力集中并得以维持。第三，时时对课堂情况进行反思评价，及时发现新情况进而有针对性地提出问题，并采取有力的变通措施。第四，对教学结果进行评价和反思。收集教学的客观资料和主观信息并进行分析，从而做出事实和价值判断，进入新的反思性评价的周期。

反思性评价的方式更多采用的是定性评价，包括档案袋评价、自陈方式、行为观察、情景测试、评语、日记等。比如，教师可以为自己建立一个教学的档案袋，将备课的资料、教案的初稿、课后的教学笔记、学生对课堂教学的反馈意见表等纳入档案袋中，根据这些资料为依据对自己的教学进行多方面的思考，从而自我评价。

学生在进行反思性评价时，往往需要教师的指导，教师可以利用上述评价方式引导学生对自身学习进行反思与评价，例如：布置学生写学习日记或建立学习档案袋等。低年龄段的学生可能更需要教师的引导，比如教师可以为学生编制“学生反思问卷”让学生回答，或在让学生对一节课的学习情况进行自陈报告时，可以有意引导他们对自己课上的疑问写下来，等等。关键是，反思性评价有利于促进教师与学生的自主性学习与批判性学习的形成。

(八)评语

评语是定性评价中的其中一种方法，它是指教师或其他评价者将对学生的观察结果通过语言描述的方式进行评价，是教育评价中经常使用的方法之一。这种描述性的评价方式是一种评价效果显著的方式，其主要原因有：

第一，教师应用评语来描述学生的进步，在评语中，通过所发生的具体事件或细节对儿童表现进行更为广泛和更为长期的说明。它反映了儿童各方面的个性特征，包括兴趣、选择、知觉和建构方式、思维和学习的方式……这显示了教师对学生的了解，教师对学生个体的了解与关注本身就是激励学生的一种积极因素。此外，评语加深了教师对学生和课堂的思索与精确描述，使教师认识到自身知识与能力的重要性，有利于促进教师的发展。

第二，这种评价方法提供了调和学校和家长之间关系的机会。教师的评语把评价与课堂紧密联系起来，家长通过教师的评语，能够对课堂以及孩子的表现有更多的了解，因此保证了家庭和学校之间的持续合作，有助于双方确定儿童的兴趣及对儿童提供支持。

为了达到评语的评价效果，教师在写评语时要注意以下两点：在写评语时要注意突出每个学生的个性，符合每个学生的特点，内容要反映具体、真实的情况，一定要避免千篇一律的做法，避免形式化或说空话等，否则的话评语对学生而言就毫无意义，而评语也就无法发挥评价的促进作用；评语中的措辞应以鼓励性的语言为主，并以正面教育、正面引导为主，避免使用消极语言而对儿童心理发展造成负面影响。

以一位教师对一位彬彬有礼、思维敏捷，但态度较为马虎的小学生的评语为例：

“你活泼、天真，有一张可爱的笑脸，不论在哪儿遇见老师，你都会有一声礼貌的问候，你脑子比较灵活，别人不能回答的问题，你却能出色地回答出来。可不知什么时候，你结交了一个‘坏朋友’，他常常使你考试失去得‘优秀’的机会，竞赛与好名次擦肩而过。唉，多可惜呀！想知道这个坏朋友是谁吗？他就是‘马虎粗心’。不过老师相信你会很快与他绝交，交上‘认真细心’这个新朋友。你说是吗？”

上述评语中没有采用“彬彬有礼、思维敏捷、粗心大意”等较为笼统概括的词语，而是具体描述了实际情景，这对小学生而言，具有直接的强化与引导作用。此外，对于学生的弱点，教师也以鼓励的方式进行正面引导，激励学生积极努力改正。

教师在写评语时，可利用计算机中 Word 和 Works 程序来为这些评语编辑计算机档案。计算机档案简化了建立档案的工作，同时有利于档案的长期保存，且检索迅速、容易，并且便于教师在下一轮评语书写时阅读以前所有的报告。[①]

（九）避免廉价评价

评价不是简单地说声“很好”或“做得还不够”那么简单。在教学中，应根据每个学生所表达的独特性和个性化进行针对性的评价。通过有针对性的评价，才能使学生得到有效指导。比如，讲《我们给自己定规则》一课时，教师引导学生制定“公共生活公约”，有一组学生设计的公约，就像一幅连环画，有文字、有拼音、有图案，内容是：做游戏时遵守规则，在楼道里靠右行走，接水、上厕所要排队等，经过讨论一致同意，这一作品被推举为班级公共生活公约。其中，教师引导学生针对小组的创意及时鼓励、并表示自己的赞赏，进而激发了学生们的学习兴趣和创造潜能。

评价的对象越具体，越有激励作用。比如，赞扬学生做得好，要具体指出好在哪里而且评价语言尽可能有色彩，生动而幽默。令学生讨论的评价语言是讲套话、空话和假话。像“你真好！”“你真棒！”“你真行！”这类话，不免夸大、空洞，并不能让学生感受到真实的判断。强调评价的具体性，也同时要求评价的准确性。所谓准确性，包括两个标准：是否适时，即在学生最需要鼓励、反馈时给予及时指导；是否产生了效果。笼统的评价，很快会让学生失去兴趣，甚至养成只听顺耳的话而听不进批评的习惯，或错把不太好、不太行都当成了很好、很棒，严格讲，这是敷衍学生且不负责任的表现。

品德与社会不赞成无意义或价值低下的廉价评价。因为这种评价容易造成假评或虚评的后果，给教学带来以下伤害：

其一，表扬过滥，使评价失去重心。

某教师上《秦始皇陵与兵马俑》一课时，这样展开对白：

师：同学们，如今国际友人称“秦兵马俑为世界第八大奇迹”，你们认为恰当吗？能不能说说自己的理由呢？

生 1：我认为秦兵马俑可以称之为奇迹，因为它场面大。

师：说得很好！

生 2：我认为秦兵马俑可以称得上奇迹，不仅因为它场面大，而且占地面积大。

师：很好！

生：兵马俑形体大，每个兵马俑的大小与真人真马相似。

师：说得真棒，大家表扬他（老师带头鼓掌，全班同学热烈鼓掌）。

生：兵马俑数量这么多，到目前为止，共发现兵马俑、战车等 8000 多件，可称之为奇迹。

---

① 赵亚夫，高峡主编．品德与社会教学基本概念解析．北京：教育科学出版社，2007：90.

师：说得不错，你真了不起！

生：每个兵马俑都刻画得非常精致，栩栩如生。

师：你从兵马俑的神态来说，真棒！

生：看到这么多形态各异的兵马俑，它们有的威风凛凛，有的注目沉思，有的体型粗壮，有的目光炯炯，真是千人千面，喜怒哀乐各不相同，说它是奇迹，真是当之无愧。

师：说得多好啊，为他鼓掌(生又一次鼓掌)。的确，连外国的很多国家领导人看了，都认为这是世界上的“第八大奇迹”。

有两点值得讨论。学习中华文明，教师则始终围绕着外国怎么看，教学目标定位不准是其一；如果是对话，教师理应选定一个具体话题有层次地引导学生去了解兵马俑，而不是一路用廉价的评语附和学生的答案。比如，后者重复前者的地方，需要教师及时点出，让学生意识到回答问题，不仅要快，更重要的是简洁明了而不重复。

其二，表扬模糊，使评价失掉针对性、激烈性。

某教师上《节约水电》一课时，在引导学生们思考节水小妙招的环节设计中，这样处理：

师：同学们，水资源是宝贵的，那你有什么节水小妙招吗？

生1：我们家安装了节水水龙头。

师：好！(竖起大拇指)

生2：我们家里安装了节水马桶。

师：真好！(又竖起大拇指)

生3：我们家安装了节水淋浴。

师：大棒了！大家一起说：嘿！嘿！你真棒！(学生立即模仿，伸出双手的大拇指，对着刚才发言的同学说，嘿！嘿！你真棒！)

生4：老师，我们家安装了节水……节水……(孩子涨红了脸，在用心地想着)

不难看出，老师的“好！”“真好！”“太棒了！”等评语太过笼统，不仅缺少真诚的肯定反而把学生带到了思维的死胡同，本来是节水小妙招展示，变成了节水器具知识大比拼。

其三，贻误时机，导致评价功能缺失。

某教师上《科技带给我们什么》一课之前，布置学生以小组为单位搜集“科技给我们的生活带来的影响”的相关资料，并制作成手抄报，并承诺要在全班进行手抄报的评比和展示。学生们很认真的搜集资料，有的还请爸爸、妈妈帮忙设计，完成并上交了手抄报。但教师自己忘了所布置的任务。直到上其他课题时，才想起来补救。然而，学生已提不起兴趣。

其实，小学生很在意教师的评价，教师的评价越是及时，评价的激励功能越会发挥得更好。评价还是一个动态生成过程，适时的评价对学生的发展能起到画龙点睛的作用。

其四，主体倒置，限制了学生思维。

某教师在上《陶与青铜》一课时，开始即让学生们展示自己搜集的古代青铜铸造资料，学生们或是带来了相关的书籍，或是打印了厚厚的下载资料，有个学生甚至还带来了青铜仿古艺术品……学生们个个情绪高涨，看到孩子们搜集到了这么多的资料，教师也很高兴，马上表扬道："看来大家都认真完成了老师布置的任务，你们太棒了，搜集资料的能力太强了。下面请大家把资料放下，我们来学习《青铜铸造一枝独秀》一课，请大家认真看老师的课件(课件中呈现了大量精美的青铜器)。"

显然，这位教师犯了教学大忌，使学生感到被忽悠了。既然已让学生准备了，又看到学生用如此高的热情投入了学习，为什么要先展示自己的呢？以后再布置这样的作业，谁还会认真做呢？说到底，这里的评价其实是花架子。